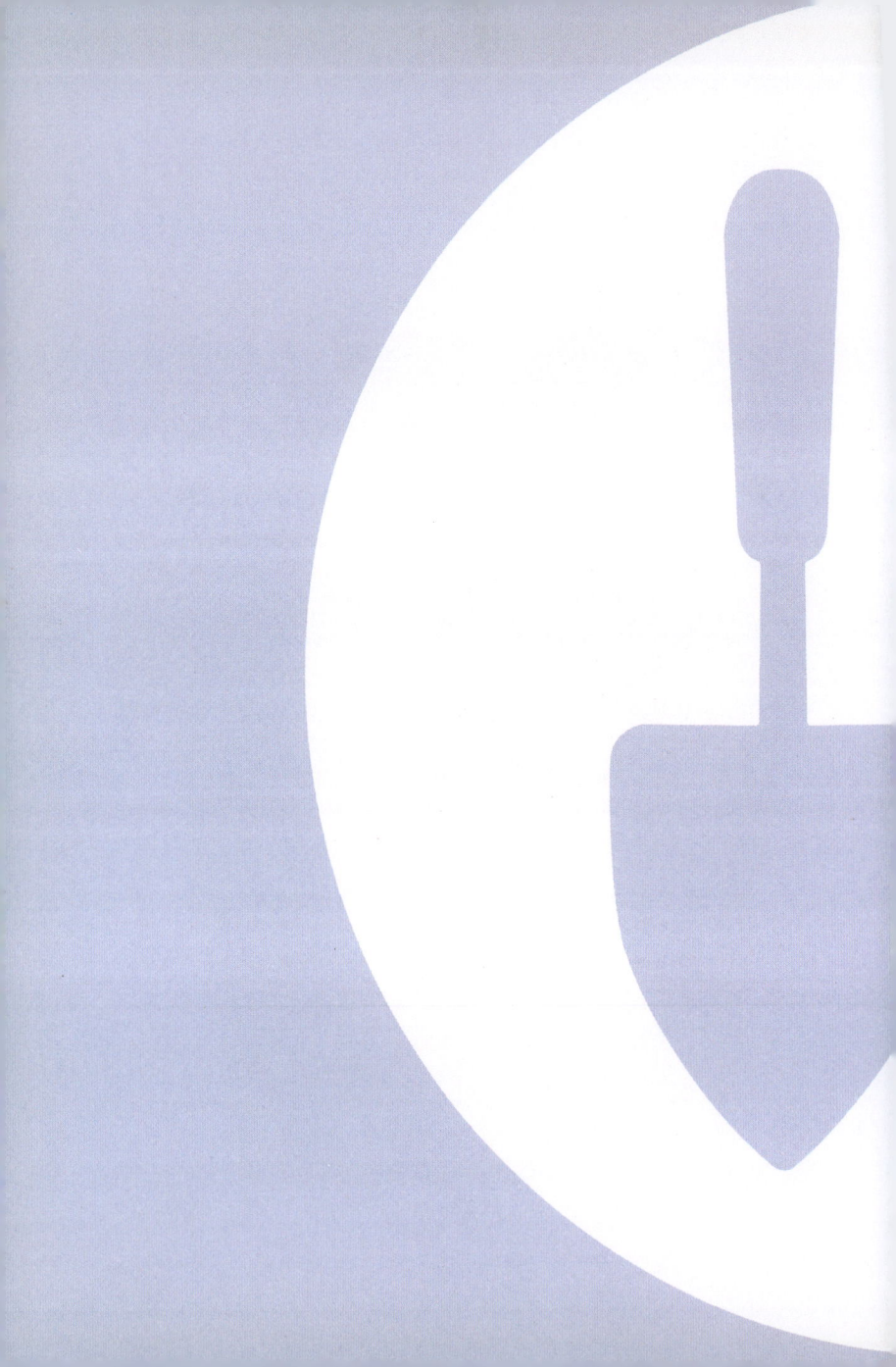

PAUL MATSON &
LUCY ANNA SCOTT

GEMÜSE-
KNOW-HOW

Gebrauchsanweisung
für Gartenneulinge

Inhalt

Probleme lösen

Ab ins Beet!

Als meine Bewerbung für einen Schrebergarten endlich erfolgreich war, ging ich ins Gartencenter. Nachdem ich minutenlang auf riesige Regale mit Samentütchen gestarrt hatte, war ich entmutigt. Wo sollte ich anfangen?

Dieses Erlebnis brachte mich darauf, Samentütchen zu gestalten, die in der Masse auffallen und Leuten wie mir gefallen, die gerade erst mit dem Gemüsegärtnern beginnen.

Ein farbenfrohes, freches Design und klar formulierte Anbautipps sind auch das, was dieses Buch heute ausmacht. Es ist ein einzigartiger Gartenratgeber mit allem Wissen, was Anfänger benötigen.

Mit der richtigen Unterstützung kann jeder Gemüse anbauen. Aber warum sollte man sich die Arbeit machen? Erstens wegen des Geschmacks. Frisches Gemüse schmeckt besser, seien es Erbsen direkt aus der Schote oder sonnengewärmte Tomaten. Zweitens: Saisonales, biologisch und regional angebautes Gemüse ist relativ teuer, wenn man es auf dem Markt kauft oder als Abo bezieht. Aber man kann es selbst anbauen: Regionaler geht es nicht.

Jeder weiß, wie gesund Gemüse ist und dass unsere Ernährungsweise Auswirkungen auf die Umwelt hat. Bei selbst angebautem Gemüse weiß man, wie es produziert wurde. Außerdem ist das Arbeiten im Freien und mit Erde eine schöne Abwechslung zu unserem sonst oft langem Sitzen vor dem Bildschirm. Und zu guter Letzt ist Umgraben und Jäten viel billiger als eine Mitgliedschaft im Fitness-Studio.

Im Buch werden bekannte und bewährte Arten und Sorten, aber auch ausgefallenere vorgestellt. Denn ein weiterer Vorteil beim Gärtnern ist, dass die

Auswahl riesig und online vieles erhältlich ist. Tauschbörsen sind ebenfalls eine gute Möglichkeit, an Saatgut zu kommen. Gleichzeitig lernt man dort andere Hobbygärtner kennen, mit denen man sich austauschen kann.

Auch in kleinen Gärten, im Mietshaus oder wenn nur ein Balkon oder Fensterbrett zur Verfügung steht, kann man eigenes Gemüse anbauen. Für den Anbau in Kübeln und Kästen gibt es im Buch zahlreiche Tipps.

Leider denken viele Menschen, sie wären ohne grünen Daumen geboren. Dabei sind sie nur frustriert, weil die übertriebenen Versprechungen der Gartenindustrie nicht in Erfüllung gegangen sind.

In Wirklichkeit ist das Anbauen von Gemüse zwar mit Arbeit verbunden, wird aber mit mehr Erfahrung immer leichter. Im Kapitel »Gut zu wissen« sind viele Grundlagen erklärt, jedoch selbst erfahrene Gärtner müssen mit Verlusten leben. Einige beugen dem vor, indem sie mehr anbauen, als sie brauchen, und können auch dann noch genug ernten, wenn Samen nicht keimen oder Pflanzen krank werden.

In unserer schnelllebigen Welt sind wir es gewohnt, sofort Ergebnisse zu sehen. Pflanzen brauchen und lehren Geduld. Schenken Sie Ihrem Garten Zeit und Liebe und er wird es Ihnen danken. Es ist etwas ganz Besonderes, wenn aus einem winzigen Samen eine essbare Pflanze wird. Ich hoffe, dass dieses Buch zum Anbauen, Säen, Pflegen und Genießen einer schmackhaften Ernte ermutigt und inspiriert. Genießen Sie sie mit Freunden und Familie.

Paul Matson

Das Wichtigste zuerst

Wer anfängt, eigenes Gemüse anzubauen, für den ist es verlockend, ins Gartencenter zu gehen, den Wagen mit so vielen Pflanzen wie möglich vollzupacken und den Garten nach dem Zufallsprinzip zu gestalten. Es zahlt sich jedoch aus, ein paar grundlegende Dinge über Ihren Garten zu wissen.

Wind

Wind trocknet den Boden aus, trägt ihn ab und strapaziert Stängel und Blätter. In Gärten, in denen es oft windig ist, sollte man schon bei der Planung daran denken, dass Pflanzen Schutz brauchen. Massive Strukturen verwirbeln und verstärken den Wind. Besser sind durchlässige Elemente wie Hecken oder Weidenflechtzäune.

Frost

Die Geländeform des Grundstücks hat Auswirkungen auf das Kleinklima. Liegt der Garten an einem Hang, strömt die kalte Luft zum tiefsten Punkt und staut sich vor Zäunen, Mauern oder Hecken. Solche Bereiche nennt man Frostlöcher. Man erkennt sie daran, dass sich der Morgennebel dort besonders lange hält. Empfindliche Pflanzenarten sollten dort nicht gepflanzt werden.

Sonne

Pflanzen brauchen für ihren Stoffwechsel Licht, einige mehr als andere. Es ist also gut zu wissen, ob der Garten nach Norden oder Süden liegt, wie viel Licht und Wärme er bekommt und wo und wann Sonnenlicht hinfällt. Auf der Internetseite SunEarthTools.com kann man sich nach Eingabe der geografischen Koordinaten den Sonnenstand zu verschiedenen Tageszeiten anzeigen lassen. Für Kübelpflanzen und Hochbeete ist der sonnigste Platz des Gartens passend. Die meisten Gemüsearten brauchen sechs bis acht Stunden Sonnenlicht pro Tag. In einem eher schattigen Garten kann man Blattgemüse wie Spinat und Salate anbauen.

Erde

Ein gesunder Boden ist für das Gärtnern unverzichtbar und je mehr man über seinen Zustand weiß, desto leichter fällt das Arbeiten. Mit einfachen Tests (S. 22) lässt sich herausfinden, wie gut der Boden Wasser hält und wie schnell er sich erwärmt. Ist er von Würmern bewohnt, sind dort auch Mikroorganismen am Werk, deren Hinterlassenschaften den Boden fruchtbar machen (S. 38). Ein Bodentest aus dem Gartencenter zeigt den Boden-pH. Ein sehr saurer oder sehr basischer Boden kann das Pflanzenwachstum stören (S. 22). Bei sehr schlechtem Boden sind Kübel und Hochbeete eine Alternative.

Budget

Am Anfang passiert es leicht, dass man viel Geld für Pflanzen ausgibt und dann mit der Pflege überfordert ist. Wesentlich befriedigender ist es, den Garten so zu planen, dass er zu Geldbeutel und verfügbarer Zeit passt. Für das erste Jahr sind unempfindliche Gemüsearten wie Rote Bete, Rauke oder Asia-Salate eine gute Wahl. Je einfacher man es sich am Anfang macht, desto schneller lernt man. Außerdem macht es Spaß, mit einem möglichst kleinen Budget zu gärtnern. Saatgutbörsen sind zum Beispiel eine hervorragende Möglichkeit, Samen zu bekommen.

Alt und jung

Der Garten sollte so geplant sein, dass sich alle wohlfühlen, die dort gärtnern wollen – seien es Kinder, Freunde oder Familie. Die Jüngsten lieben bunte Blüten und Duftpflanzen. Sie haben Spaß am Gärtnern, wenn man Pflanzen wie Radieschen oder Kräuter anbaut, die man früh ernten kann. Vielleicht gibt es sogar die Möglichkeit, ein eigenes Kinderbeet anzulegen? Für Menschen, denen das Bewegen schwerfällt, baut man ein Hochbeet. Gartengeräte mit langem Stiel ermöglichen das Arbeiten im Sitzen.

Gärtnern ohne Garten

Nicht jeder hat einen großen Garten oder einen Schrebergarten. Zum Glück gibt es aber so gut wie überall die Möglichkeit Gemüse anzubauen – sogar ganz ohne Garten. Einige Ideen werden hier vorgestellt.

Kopfüber hängende Töpfe

Wo Fläche knapp ist, baut man Gemüse in »hängenden Gärten« und damit fern von Krankheiten und Unkräutern an. Kopfüber hängende Töpfe kann man kaufen oder aus großen Dosen, PET-Flaschen oder Plastikeimern selbst machen. Sie sind geeignet für Kräuter, Tomaten (Strauchtomaten, S. 87), Gurken und Paprika.

Hochbeete

Mit Hochbeeten kann man selbst auf versiegelten oder belasteten Flächen nahezu jedes Gemüse anbauen. Zum Bauen gut geeignet ist Restholz, das man mit Folie auskleidet. Das Beet sollte mindestens 45 cm hoch sein, dann haben die Wurzeln genug Platz. Ein Vorteil von Hochbeeten ist, dass man mit unkrautfreier Erde startet. Hüfthoch gebaute Beete ersparen das Bücken.

Schubkarren

Eine Schubkarre, bei der man Löcher in die Wanne gebohrt hat, wird zum mobilen Beet, das man beispielsweise im Hinterhof aufstellen kann. Wer noch mehr Platz hat, platziert Kübel drumherum. Je nach Wetter stellt man die Schubkarre ins Freie oder schiebt sie unter ein Dach.

Paletten

Wer eine Mauer, einen Zaun oder ein Geländer hat, kann dort Paletten anbringen und sie bepflanzen (S. 12–13). Für einen solchen Hingucker ist ein sonniger Platz wichtig. Zum Bepflanzen eignen sich Kräuter und Erdbeeren. Besonders schön sehen solche Paletten aus, wenn man Kräuter und Blumen abwechselnd pflanzt

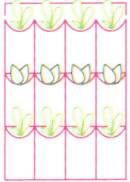

Hängetaschen

Am besten geeignet sind Hängeorganizer aus festem Stoff. Die Taschen werden bis etwa 4 cm unter den Rand mit Erde gefüllt. Zum Bepflanzen eignen sich Kräuter und Salate. Pflanzen, die viel Feuchtigkeit brauchen, sind in der unteren Reihe gut aufgehoben. Auf dunklen Stoffen sieht man die Wasserflecken nicht so stark.

Ausgemusterte Regalelemente

In einem ausgemusterten Regal kann man vertikal gärtnern. Auf jeden Regalboden stellt man Töpfe einer Pflanzenart, z. B. Kräuter, Blattsalate, Radieschen oder Sprossen. Das Regal sollte möglichst nah an einem sonnigen Fenster stehen. Die Töpfe regelmäßig drehen, sodass sie von allen Seiten Licht bekommen.

Plastikwannen

Zum Bepflanzen Löcher in den Boden bohren und am sonnigsten Platz im Garten oder am Hauseingang aufstellen. Unter der Überschrift »Gute Beetpartner« sind geeignete Pflanzkombinationen vorgestellt (S. 55–173).

Know-how: einen Palettengarten bauen

Man braucht:
1 Palette aus nicht gesplittertem Holz

Kunststoffgewebe

Elektrotacker und 5-mm-Heftklammern

Schere

Blumenerde

Die Palette auf die Vorderseite legen. Das Kunststoffgewebe doppelt darauflegen und die Rückseite und die Seiten damit abdecken. Das Gewebe mit dem Tacker an allen Brettern befestigen. Es muss sich so fest an das Holz schmiegen, dass es die Erde halten kann. Dabei eine Seite offen lassen.

Überstehendes Gewebe abschneiden.

Die Palette senkrecht hinstellen, die offene Seite zeigt nach oben. Durch diese die Erde einfüllen.

Die Jungpflanzen einpflanzen. Damit sie genug Platz zum Wurzeln haben, abwechselnd einpflanzen.

Bis die Pflanzen eingewachsen sind, täglich gießen, später weiter regelmäßig wässern. Einmal im Monat einen organischen Dünger geben. Die Palette an eine Wand oder einen Zaun lehnen oder daran befestigen.

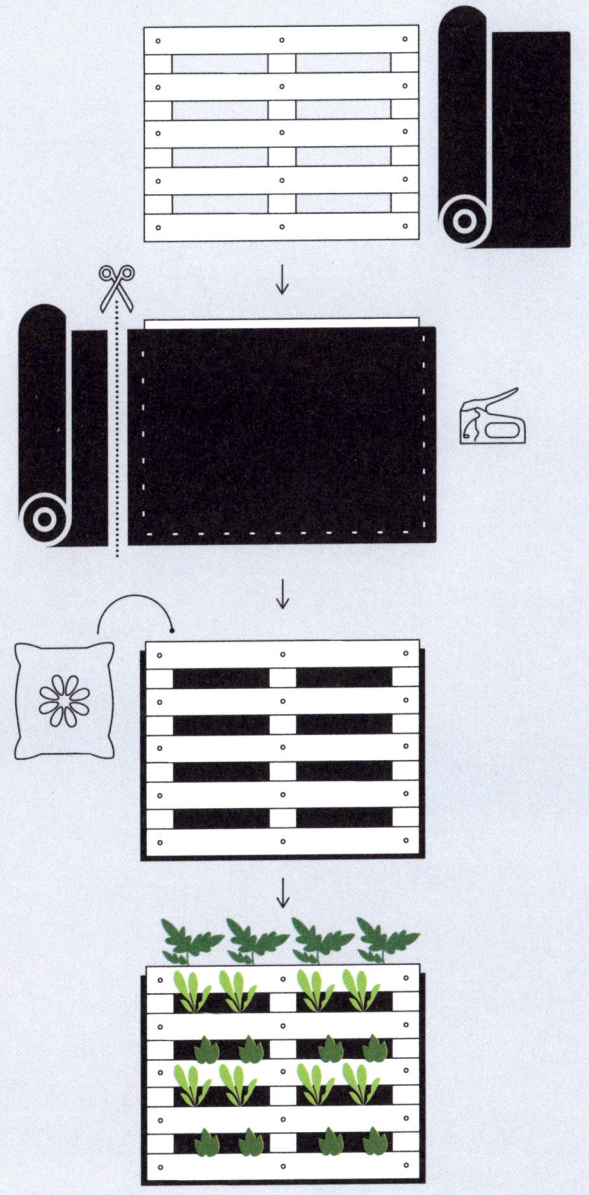

Für Topfgärtner

Eigentlich ist jedes Behältnis zum Bepflanzen geeignet, solange es Dränagelöcher hat und die Wurzeln darin Platz zum Wachsen und Atmen finden. Manche Pflanzen müssen in einen größeren Topf gesetzt werden, bevor sie an ihren eigentlichen Platz im Garten umziehen können.

Anzuchtgefäße

MULTITOPFPLATTEN
Zur Aussaat von Pflanzen, die schnell ausgepflanzt werden können.

7ER-TÖPFE
Für größere Jungpflanzen, die mehr Platz zum Wachsen benötigen.

9ER-TÖPFE
Für Jungpflanzen, die erst später ins Freie gepflanzt werden sollen.

Anzuchtgefäße aus Recyclingmaterialien
Der Fantasie sind keine Grenzen gesetzt.

 Plastikflaschen: Halbieren, die untere Hälfte wird Pflanzgefäß, die obere Pflanzglocke.

 Eierkartons: perfekt für die Aussaat.

 Zeitungen: Für einen kompostierbaren Topf um die Seiten und ein Ende einer Klopapierrolle wickeln.

 Obstschälchen: perfekt als Aussaatschalen.

 Konservendosen: Löcher in den Boden bohren.

 Plastikboxen: für ganze Gemüsegärten mit Salaten und Kräutern.

Pflanzgefäße und ihre Vor- und Nachteile

Ton
PRO: Lässt Luft und Wasser durch. Die dicken Wände halten die Hitze außen. Schwer, fällt daher nicht so leicht um. Gut für Pflanzen wie Kakteen, die trockene Erde mögen. **KONTRA:** Trocknet in voller Sonne schnell aus. Zerbrechlich.

Kunststoff
PRO: Gut für Pflanzen, die feuchten Boden mögen. Weniger Gießen erforderlich als bei Tontöpfen. Leicht. **KONTRA:** Dünne Wände, die die Wurzeln nicht gut vor Hitze und Kälte schützen. Schlechte Klimabilanz.

Naturstein
PRO: Sehr haltbar. Guter Schutz gegen Hitze. **KONTRA:** Schwer, schlecht zu transportieren.

Growbag
PRO: Super für mobile Gärten. Großes Volumen. Günstig. **KONTRA:** Die Erde feucht zu halten ist etwas knifflig.

Kopfüber hängende Töpfe
PRO: Perfekt für kleine Flächen. Garantiert schneckenfrei. Gute Belüftung. Kein Unkraut. Rückenschonendes Gärtnern. **KONTRA:** Trocknet in der Sonne schnell aus.

Hanging Basket
PRO: Brauchen keine Bodenfläche. In nachhaltigen Materialien wie Kokosfaser erhältlich. **KONTRA:** Beim Gießen schwappt Erde heraus.

Gut zu wissen

Der erste Schritt ist das Schaffen einer gesunden Umgebung. Die Einflüsse von Boden, Licht und Wetter müssen berücksichtigt werden, um erfolgreich Gemüse und Kräuter anzubauen. In diesem Kapitel zeigen wir, wie es funktioniert.

Licht und Schatten

Für ihr Wachstum benötigen Pflanzen die Energie des Sonnenlichts. Die Blätter, die wie Solarzellen funktionieren, machen den Fotosynthese-Prozess erst möglich. Aber auch der Gärtner kann helfen.

DER PASSENDE STANDORT: Gärten, die nach Süden liegen, sind ideal, denn sie bekommen viel Licht. Ist das Grundstück durch Gebäude oder Bäume sehr schattig, können Hanging Baskets oder Dachgärten eine Alternative sein.

LICHT UND SPIEGEL: In Weiß oder anderen hellen Farben gestrichene Mauern und Zäune oder Spiegel reflektieren Licht und machen den Garten heller. Um so sauberer die Glasscheiben von Gewächshäusern sind, desto mehr Sonnenlicht gelangt zu den Pflanzen.

DIE ZEICHEN ERKENNEN: Pflanzen, die zu dunkel stehen, strecken sich zum Licht, werden lang und weich. Aber auch wenn Licht wichtig ist, sollten Pflanzen nicht zu warm stehen. Beginnen sie zu welken, ist es sinnvoll, sie in den Schatten oder an einen kühleren Platz zu stellen.

ZUSATZLICHT: An Stellen, die kein Sonnenlicht erreicht, kann man mit Pflanzenlampen nachhelfen. Das kann zum Beispiel in Innenräumen sinnvoll sein. Für die Anzucht ist kaltweißes Licht sinnvoll. Blühpflanzen, bei denen man Blüten- und Fruchtansatz fördern möchte, benötigen Leuchten mit einem breiten Lichtspektrum.

Wie viel Licht braucht Gemüse?

SONNE
> 6 Stunden

Rosenkohl Zucchini Gurke Knoblauch Paprika / Chili

Kürbis Erdbeere Zuckermais Tomate

HALBSCHATTEN
4–5 Stunden

Rote Bete Bohne Brokkoli Möhre Mangold

Porree Pastinake Erbse Kartoffel Radieschen

SCHATTEN
3–4 Stunden

Schnittsalat Spinat Kopfsalat Grünkohl Kräuter

Eine Faustregel sagt: Blattgemüse vertragen schattige Standorte, Wurzelgemüse kommen mit einem halben Tag Sonne aus. Fruchtgemüse brauchen das meiste Licht, also vollsonnige Standorte.

Das Wetter berücksichtigen

Gärtner interessieren sich stets für den Wetterbericht. Schließlich brauchen Pflanzen Sonne, Regen und Wind, aber Wetterextreme können die Ernte »verhageln«. Das Wetter lässt sich nicht ändern, aber man kann Pflanzen schützen.

SONNE: Extreme Sonne lässt Blätter welken, denn sie verdunsten mehr Wasser, als sie aus dem Boden aufnehmen können. Vor allem Jungpflanzen in den Schatten zu stellen, ist in solchen Perioden sinnvoll.

REGEN: Staunasse Böden können keinen Sauerstoff speichern. Dieser ist für Wurzeln jedoch lebenswichtig. Untermischen von Sand und das Umgraben im Herbst machen Böden durchlässiger.

TROCKENHEIT: Sind im Boden keine Wasservorräte mehr vorhanden, welken die Pflanzen und sterben ab. Vor allem an heißen Tagen ist es daher sinnvoll, die Bodenfeuchtigkeit zu kontrollieren.

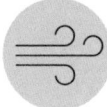

WIND: Er reißt Kletterpflanzen los, verweht den Boden und trocknet Blätter aus. Solide Mauern verursachen auf der Rückseite Luftverwirbelungen. Durchlässige Windschutzelemente sind besser.

FROST: Einige Pflanzen vertragen Frost, aber die meisten reagieren empfindlich auf niedrige Temperaturen. Sie sollten erst ab Mitte Mai ins Freie gesetzt werden, wenn keine Spätfröste mehr zu erwarten sind.

Welches Gemüse verträgt Frost?

Welche Temperaturen vertragen Gemüsepflanzen? Einige brauchen bei Frost einen Schutz, andere überstehen ihn gut.

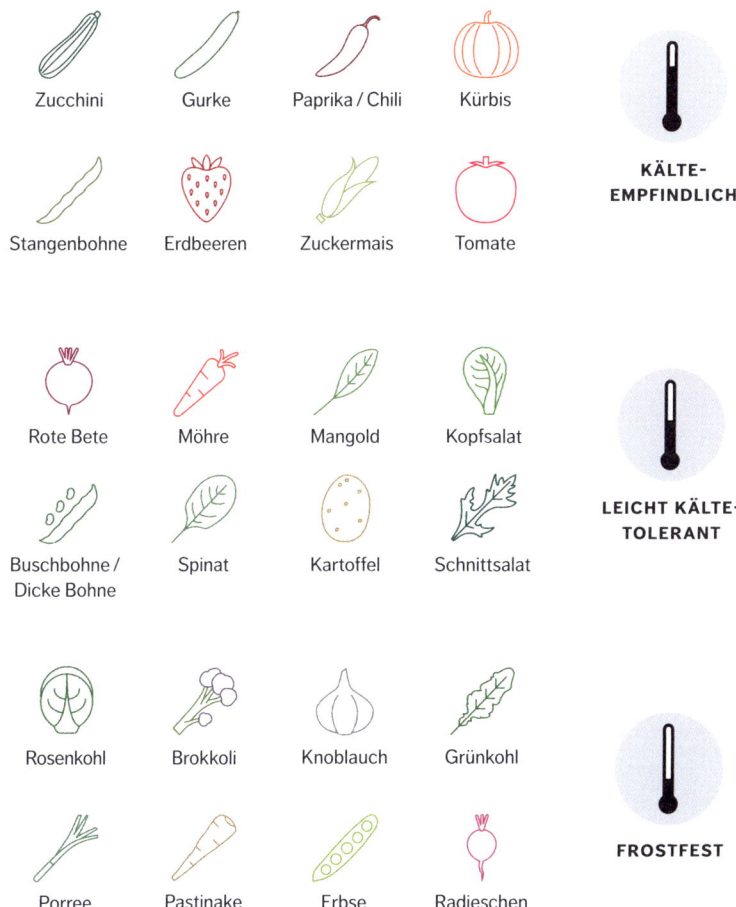

Zucchini

Gurke

Paprika / Chili

Kürbis

KÄLTE-EMPFINDLICH

Stangenbohne

Erdbeeren

Zuckermais

Tomate

Rote Bete

Möhre

Mangold

Kopfsalat

LEICHT KÄLTE-TOLERANT

Buschbohne / Dicke Bohne

Spinat

Kartoffel

Schnittsalat

Rosenkohl

Brokkoli

Knoblauch

Grünkohl

FROSTFEST

Porree

Pastinake

Erbse

Radieschen

Den Boden kennenlernen

Ein gesunder Boden ist die wichtigste Grundlage für kräftige Pflanzen. Er beeinflusst den Ernteerfolg, also Menge und Geschmack des Gemüses und versorgt die Pflanzen mit Nährstoffen, Wasser und Sauerstoff.

Know-how: DIY Bodentest

Schluff, Sand und Lehm sind die Bodenarten, die man in den meisten Gärten findet. Zu wissen, auf welchem Boden man gärtnert, ist enorm hilfreich. Um das herauszufinden, nimmt man eine Handvoll Erde und presst sie zusammen. Fällt sie leicht auseinander, ist der Boden sandig. Bleibt sie in der Form, enthält sie viel Lehm. Schluffige Böden fühlen sich seidig-weich an.

Für eine Einschätzung, wie reich der Boden an organischen Materialien ist, gräbt man etwas davon aus und sucht nach Bodenlebewesen. Sind keine zu sehen, enthält der Boden wahrscheinlich wenige Nährstoffe. Hier kann man mit Dünger und Kompost nachhelfen (S. 24–25).

In Stadtgärten besteht der Boden oft zu einem Großteil aus Bruchstein und Bauschutt. In solchen Fällen, oder wenn der Boden verseucht ist, sind Hochbeete eine gute Alternative (S. 10)

Warum der Boden-pH wichtig ist

Der pH-Wert zeigt an, ob der Boden basisch oder sauer reagiert. Die meisten Pflanzen vertragen beides. Aber der Boden-pH beeinflusst, welche Nährstoffe pflanzenverfügbar vorliegen. Ein guter Wert für Pflanzen ist ein pH zwischen 5,5 und 7,5. Ideal sind 6,5. Wer einen Nutzgarten neu anlegt, sollte den Boden-pH mit einem pH-Meter oder einem Bodentest bestimmen.

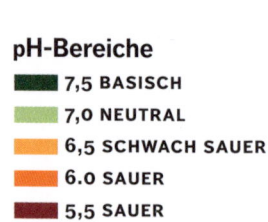

pH-Bereiche
- 7,5 BASISCH
- 7,0 NEUTRAL
- 6,5 SCHWACH SAUER
- 6.0 SAUER
- 5,5 SAUER

Der Bodentyp kann auch durch Bodenbearbeitung oder -verbesserung nicht verändert werden. Wenn man seine Vor- und Nachteile kennt, kann man jedoch entsprechend gärtnern.

LEHMIGER BODEN
Schwer zu bearbeiten, nährstoffreich.
Im Winter kalt, im Sommer oft
verkrustet.

SANDIGER BODEN
Locker, trocken und nähr-
stoffarm, wärmt sich im
Frühjahr schnell auf.

LÖSS
Eine Mischung aus Lehm,
Schluff und Sand. Frucht-
bar und durchlässig, selten.

SCHLUFFIGER BODEN
Fruchtbar und locker, aber
gute Wasserhaltefähigkeit.
Neigt zum Verkrusten und
Verdichten.

Erde kaufen

Die Auswahl ist groß und reicht von Universalerde bis zu solcher für bestimmte Pflanzenarten. Hochwertige Erde bringt schönere Pflanzen hervor. Ebenso wichtig ist, dass sie frisch ist und möglichst aus nachwachsenden Rohstoffen besteht.

UNIVERSALERDE: für Pflanzen in jedem Stadium, günstiger als Spezialerden.

MOORBEETERDE: ohne Kalk, für Rhododendren, Heidekraut, Blaubeeren und Kamelien, die sauren Boden brauchen.

ANZUCHTERDE: gute Wasserführung, kann trotzdem viel Feuchtigkeit halten. Beides ist wichtig für die Keimung von Samen. Enthält nur wenige Nährstoffe.

BLUMENERDE: geeignet für Jungpflanzen, aber nicht für die Aussaat. Die enthaltenen Nährstoffe fördern das Wachstum, würden Sämlingen aber schaden.

 Know-how: Was ist Bioerde?

Mancher will sein Gemüse lieber in Bioerde anbauen. Auch Gemüseerde ist in Bioqualität erhältlich. Bestandteile sind nachwachsende organische Materialien wie Kompost, Rindenhumus, Holzfaser, Wurmhumus sowie Sand oder Tonmineralien und organischer Dünger. Wer torffrei gärtnern will, sollte auf die Angabe 100 % torffrei achten. Solche Erden unterscheiden sich in Wasserhaltefähigkeit und Nährstoffgehalt etwas von anderen.

Was ist Universalerde?

Universalerde, die man in Säcken verschiedener Größe im Gartenfachhandel bekommt, ist eine Mischung organischer Materialien sowie Sand und Dünger. Umweltschonende Alternativen zu Torf werden unten vorgestellt.

Alternativen zu Torf

Torf hat eine hervorragende Fähigkeit, Wasser und Luft zu speichern sowie seine Struktur beizubehalten. Aber er wird aus Mooren gewonnen, die über viele Jahrhunderte gewachsen sind. Wo er abgebaut wird, gehen ganze Ökosysteme unwiederbringlich verloren. Diese Substrate sind Alternativen für torffreie Erden:

 Rindenhumus: für eine gute Luft- und Wasserversorgung.

 Lauberde: sinnvolle Laub-Verwertung, reich an Mikroorganismen.

 Kokosfaser: luftiges Material, wasserhaltend.

 Kompost: direkt aus dem Garten, nährstoffreich.

 Pilzkompost: Abfallmaterial beim Pilzanbau, hervorragender Bodenverbesserer.

 Wurmkompost: ideal für Erdmischungen, nährstoffreich. Gute Wasserhaltekapazität.

Tierischer Mist zur Bodenverbesserung

Abgelagerter, in den Boden eingearbeiteter Mist sorgt für Wachstum.

PFERDE- UND KUHMIST
Erhöht die Bodenfruchtbarkeit.

HÜHNERMIST
Als Pellets zu kaufen, stickstoffreich.

ZOOMIST
Exotisch und extrem stickstoffreich.

Kompost herstellen

Guter Kompost besteht aus frischen (grünen) sowie trockenen (braunen) Materialien und sorgt für ein ausgewogenes Verhältnis von Wasser, Sauerstoff und Mikroorganismen. Was darf auf den Kompost und was nicht?

Grünes: bringt Stickstoff

 Obst und Gemüse: Schalen und andere Reste, keine Zitrusfrüchte.

 Eierschale: zerbröselt.

 Kaffeesatz: soll auch gegen Schnecken helfen.

 Teebeutel: Die Blätter kommen auf den Kompost.

 Schnittblumen: nur wenn sie gesund sind.

 Grasschnitt: vorher leicht antrocknen lassen.

Braunes: bringt Kohlenstoff

 Laub: nur wenn es trocken, braun und gesund ist.

 Stroh: zersetzt sich nur langsam, gut bei schweren Böden.

 Pappe: saugt überschüssige Feuchtigkeit auf.

 Papier: keine Hochglanzmagazine.

 Wolle: gute Wasserhaltefähigkeit.

 Staubsaugerbeutel: stecken voller organischer Materialien.

Nicht auf den Kompost dürfen

 Fisch- und Fleischreste: Sie locken Schädlinge an.

 Tierexkremente: enthalten schädliche Bakterien.

 Asche: kann schädliche Stoffe enthalten.

 Brot: lockt Ratten und andere Tiere an.

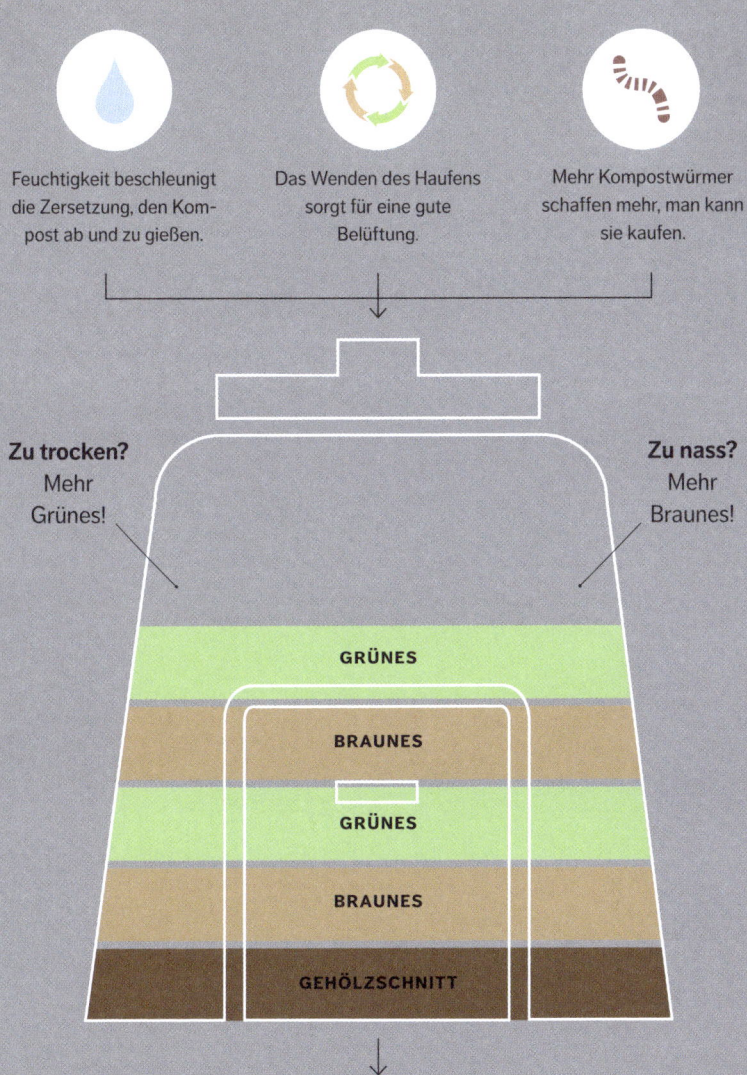

Feuchtigkeit beschleunigt die Zersetzung, den Kompost ab und zu gießen.

Das Wenden des Haufens sorgt für eine gute Belüftung.

Mehr Kompostwürmer schaffen mehr, man kann sie kaufen.

Zu trocken?
Mehr Grünes!

Zu nass?
Mehr Braunes!

GRÜNES

BRAUNES

GRÜNES

BRAUNES

GEHÖLZSCHNITT

Die unterste Schicht besteht aus Ästen und Zweigen. Danach wird der Behälter immer abwechselnd mit grünen und braunen Materialien befüllt. Der Kompost ist fertig, wenn die unterste Schicht dunkelbraun und erdig ist.

Gärtnern mit Mulch

Als Mulchen bezeichnet man das Abdecken des Bodens mit einem Material. Es verbessert den Zustand des Bodens und damit die Bedingungen, unter denen die Wurzeln wachsen.

Wie und warum mulchen

Ein gesunder Boden kann Wasser und Wärme gut speichern, ist unkrautfrei und Lebensraum für viele Mikroorganismen. Organische Mulchmaterialien fördern all dies. Am besten bringt man sie im Frühjahr oder Herbst aus, wenn der Boden warm und feucht ist. Vor dem Mulchen wässert man den Boden und entfernt Unkräuter. Dann wird eine 5 cm dicke Schicht aufgebracht, wobei man den Bereich um die Pflanzen herum freilässt. Erst wenn das Material komplett verrottet ist, bringt man neues auf.

ISOLIEREN: Mulch wirkt isolierend. Er hält den Boden während kühler Perioden wärmer und bei Hitze kühler.

FEUCHTIGKEIT SPEICHERN: Mulch hält die Feuchtigkeit im Boden und schützt ihn außerdem vor Starkregen und Erosion.

WURZELN SCHÜTZEN: Mulch verbessert die Bodenstruktur und fördert dadurch das Wurzelwachstum.

UNKRAUT FERNHALTEN: Mulch beschattet den Boden und stoppt so lichtkeimende Unkräuter.

Organische Mulchmaterialien

Es gibt eine Menge organischer Mulchmaterialien, viele davon sind günstig zu bekommen. Was geeignet ist, wird hier vorgestellt.

 Laubkompost: kann man selber machen, indem man Herbstlaub sammelt und verrotten lässt.

 Kompost: kostenlos, wenn man eine Komposttonne hat. Bei den Grünflächenämtern kann man ihn ebenfalls bekommen.

 Abgelagerter Pferdemist: Beim Zersetzen werden die Pflanzen mit Nährstoffen versorgt.

 Pilzkompost: bei einem Pilzzuchtbetrieb nachfragen, ob man altes Substrat bekommen kann.

 Holzhäcksel: dekorativ auf dem Beet und nach der Zersetzung gut für den Boden.

 Rindenmulch: Rindenstückchen von Kiefern oder Zypressen.

 Stroh: Hafer-, Weizen- oder Sojastroh für Erdbeerpflanzen.

 Getrocknete Algen: Die scharfen Kanten halten Schnecken fern.

 Rasenschnitt: nach dem Mähen auf dem Rasen trocknen lassen und dann im Beet verteilen.

Dekorative Mulchmaterialien

Auch das Mulchen mit nicht abbaubaren Materialien wie Steinen oder Kies ist möglich. Sie sehen schön aus und müssen nur einmal aufgebracht werden.

 Kiesel und Steine: pflegeleicht, möglichst von den Beeten fernhalten.

 Kies: sehr gut geeignet für Steingärten oder Wege.

 Muschelbruch: ergibt einen sehr schönen, weißen Untergrund.

 Unkrautvlies: durchlässiges Gewebe, unterdrückt Unkräuter.

Saatgut kaufen

In jedem Samen ist ein Pflanzen-Embryo, der darauf wartet, keimen zu können. Er will wachsen – Pflanzen großzuziehen ist deshalb viel leichter, als man vielleicht denkt.

Das steht auf den Samentütchen

Wer mit Samen gärtnert, hat unzählige Möglichkeiten, mit Geschmäckern, Formen, Farben zu experimentieren.

- Aussaatzeitpunkt: Ist es zu früh oder zu spät?
- Haltbarkeitsdatum: Je frischer die Samen sind, desto besser.
- Menge: Sind es mehr Samen, als gebraucht werden?
- Sollen sie auf dem Fensterbrett vorgezogen werden?

Was bedeutet ...

FREMDBESTÄUBUNG

Die Pollen müssen durch Insekten, Vögel, den Wind oder Menschen weitergetragen werden.

BIOLOGISCH

Biologisches Saatgut wurde nicht gentechnisch verändert und unter strengen Richtlinien angebaut.

HYBRIDE (F1)

Kreuzung zweier verschiedener Gattungen oder Arten. Ergibt einheitliche, robuste Pflanzen.

GENTECHNISCH VERÄNDERT

Um Pflanzen mit besonderen Eigenschaften auszustatten.

ALTE SORTEN

Sorten, die im Erwerbsanbau nicht mehr verwendet werden, aber für die Pflanzenvielfalt wichtig sind.

AGM

Wurde mit dem Royal Horticultural Society (RHS) Award of Garden Merit (AGM) ausgezeichnet.

Keimung

Umgibt einen Samen Wärme, Wasser und Sauerstoff, quillt die Samenhülle und bricht auf. Schaut man genau hin, entdeckt man, dass sich Keimlinge auf zwei verschiedene Weisen aus dem Boden schieben.

ÜBER DER ERDE
Zum Beispiel bei Busch-bohne und Zwiebel

UNTER DER ERDE
Zum Beispiel bei Erbse und Feuerbohne

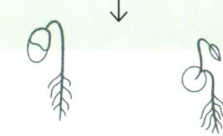

Bei einigen Samen bildet ein Teil des Keimlings erste Blätter, Keimblätter genannt.

Manche Samen keimen, indem sie zuerst einen Trieb aus dem Nährstoff-speicher in den Boden bilden.

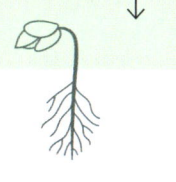 

Diese Keimblätter schie-ben sich aus der Erde. Die Kraft dafür bekommen sie von Nährstoffen, die im Samen gespeichert sind.

Dann bildet sich der Trieb, der sich später verzweigt und Blätter bekommt.

Solche Keimlinge sind besser vor Frost und Krankheiten geschützt und können auch auf schlechteren Böden wachsen.

Der Keimling schiebt sich aus der Erde, zuerst gekrümmt, um die Spitze zu schützen, später rich-tet er sich auf.

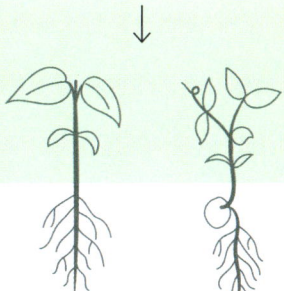

Die Keimblätter werden grün und die Fotosyn-these findet statt. Das erste Laub erscheint. Der Sämling ist eine Pflanze geworden.

Die ersten Blätter sind »echte«, fotosynthetisch aktive Blätter, keine Keimblätter.

Die Aussaat

Wie, wo und wann man aussät, hängt von der Pflanzenart und ihren Ansprüchen ab. Auf den Samentütchen stehen alle wichtigen Angaben dazu.

Drinnen

Die Aussaat im Zimmer verlängert die Gartensaison, denn man kann schon Pflanzen ziehen, wenn das Wetter es draußen noch nicht zulässt. Außerdem sind die Pflanzen besser geschützt und die Bedingungen lassen sich leichter kontrollieren. Man treibt sie in Aussaatschalen, Multitopfplatten oder Töpfen vor und setzt sie dann später an ihren eigentlichen Standort.

 FENSTERBANK: bietet Wärme und Licht für einen guten Start.

 MINIGEWÄCHSHAUS: beheizt oder unbeheizt, gleichmäßig warmes und feuchtes Klima.

Draußen

Bei der Aussaat im Beet können die Pflanzen direkt weiterwachsen. Dafür können Wetter, Mäuse und Vögel Schaden anrichten. Einige Gemüsearten wie Möhren mögen es nicht, verpflanzt zu werden, für sie ist die Direktsaat die bessere Option. Frostempfindliche Pflanzen sät man erst nach den Eisheiligen ins Freie.

 **REIHENSAAT:** Sie ist sinnvoll, weil man besser Unkraut hacken kann. Markiert man die Beete mit Schnüren, werden die Reihen gerade.

 **BREITWÜRFIGE SAAT:** Dabei wird der Boden vorbereitet und eine Portion Samen darüber gestreut. Nicht an windigen Tagen säen!

Aussaat-Technik

Die Samen sparsam und gleichmäßig verteilen. Nicht direkt aus der Tüte schütten, sondern eine kleine Menge in die Hand nehmen. Bei größeren Samen nimmt man einige zwischen die Fingerspitzen, kleinere streut man. Man kann sie auch mit etwas Sand mischen. Dann ist das Verteilen einfacher.

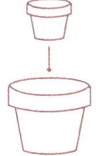

Umtopfen

Sind die Pflänzchen zu groß für den Anzuchttopf, werden sie in größere Gefäße gesetzt. Der richtige Zeitpunkt ist, wenn die Pflanzen ihre ersten »echten« Blätter und Wurzeln haben und man sie gut anfassen kann.

Pikieren

Den Sämling aus dem Anzuchtgefäß umzusetzen, nennt man Pikieren. Dabei fasst man die zarten Gewächse an einem Blatt und hält die Wurzel mit einem Pikierstab oder Bleistift. Verletzte Blätter wachsen nach, ist dagegen der Stängel verletzt, stirbt meist die ganze Pflanze.

 ## Know-how: Abhärten

Pflanzen, die drinnen vorgezogen wurden, können einen regelrechten Schock bekommen, wenn sie nach draußen umziehen. Sie sollten langsam an das Leben im Freien gewöhnt werden. Man nennt dies Abhärten. Dabei stellt man die Pflanzen drei Wochen an einen geschützten, warmen Platz und bedeckt sie mit zwei Lagen Vlies. Die erste Woche bringt man sie nachts ins Haus. In der zweiten entfernt man eine Lage Vlies. In der dritten stehen sie tagsüber ohne Vlies, nachts bleiben sie bedeckt im Freien.

Richtig gießen

Ohne Wasser wächst nichts. Aber es ist nicht immer leicht einzuschätzen, wie viel Wasser Pflanzen brauchen. Wie durstig sie sind, ist nämlich sehr unterschiedlich und hängt unter anderem davon ab, wie schnell sie wachsen.

METALLKANNE
Galvanisiert, traditionell, robust und langlebig.

MIT LANGER TÜLLE
Praktisch, wenn man Töpfe hat, die weit entfernt oder oben stehen.

SPRÜHFLASCHE
Zum Feuchthalten von Aussaaten und Besprühen von Pflanzen.

Wie und wann gießen

Den Spaten etwa 30 cm tief in den Boden stecken. Ist das Blatt beim Herausziehen trocken, ist es Zeit, mit der Gießkanne loszuziehen. Töpfe und Kübel benötigen besondere Aufmerksamkeit. Sie trocknen schneller aus als der Boden und die Wurzeln können sich nicht ausbreiten, um an Feuchtigkeit zu gelangen. Bei Töpfen steckt man einen Finger in die Erde, um zu prüfen, ob sie trocken ist. Oder man hebt den Topf an: Ist er leicht, braucht die Pflanze Wasser.

Gegossen wird an der Pflanzenbasis. So erreicht das Wasser schnell die Wurzeln. Die Blätter sollten nicht nass werden. Je sonniger es ist, desto schneller verdunstet das Wasser. Man kann auch abends gießen, aber durch die Feuchtigkeit werden Schnecken angelockt. Eine Mulchschicht hält die Feuchtigkeit im Boden.

Die meisten Gemüsearten brauchen einen feuchten Boden. Wie viel Wasser und in welchem Wachstumsstadium sie es benötigen, ist jedoch bei allen unterschiedlich.

Die richtige Menge Wasser

Wird wenig, aber häufig gegossen, verdunstet das Wasser, bevor es die Wurzeln erreicht.

Stattdessen sollte man seltener, aber kräftig gießen. Ein- bis zweimal die Woche reicht meistens.

Bei Aussaaten sollte der Boden ständig feucht sein. Am besten besprühen oder in eine wassergefüllte Schale stellen.

Tröpfchenbewässerung

Für eine selbst gemachte Tröpfchenbewässerung bohrt man Löcher in den Boden einer Plastikflasche und gräbt sie zur Hälfte neben einer Pflanze ein. Das Wasser sickert direkt an den Wurzeln langsam in den Boden.

Regentonnen

Regenwasser ist kostenlos. Trotzdem läuft das meiste davon einfach in die Kanalisation. Besser ist es, eine Regentonne an das Fallrohr anzuschließen und Wasser zu sammeln. Ein Deckel verhindert, dass Tiere hineinfallen. Das Wasser entnimmt man mit einem Auslasshahn oder indem man es mit der Gießkanne herausschöpft.

Den Boden vorbereiten

Um die Bodenstruktur zu verbessern, gräbt man ihn um. Die beste Zeit dafür ist im Frühjahr oder Herbst, wenn der Boden feucht, aber nicht durchnässt ist.

Doppeltes Umgraben

Im Herbst die Fläche kennzeichnen, die bewirtschaftet werden soll. An einem Ende eine 60 cm breite, spatentiefe Furche graben. Die ausgehobene Erde am anderen Ende der Fläche ablegen.

Eine Grabegabel in den Grund der Furche stoßen und die Erde durch Drehen der Gabel auflockern. Organische Materialien dazugeben und untermischen.

Neben der ersten Furche erneut einen 60 cm breiten Graben ausheben. Diesmal die ausgehobene Erde in die erste Furche werfen. Sie sollte hinterher wieder so hoch gefüllt sein wie vor dem Umgraben.

Die Arbeitsschritte bis zum hinteren Ende der Fläche wiederholen. Die letzte Furche mit der Erde aus der ersten Furche füllen. Über den Winter setzt sich die Erde.

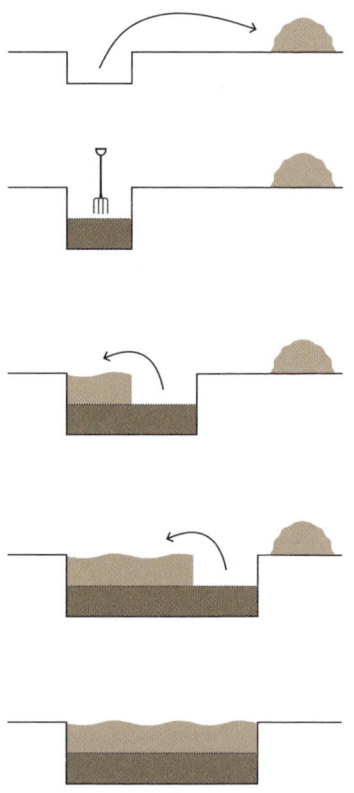

Die No-dig-Methode

Bei der No-dig-Methode bedeckt man den Boden mit unterschiedlichen organischen Materialien und lässt die Bodenorganismen die Arbeit des Umgrabens machen.

Der Lasagne-Garten

Das Lasagne-Gärtnern, auch Flächenkompostierung genannt, ist eine Version der No-dig-Methode. Dabei werden verschiedene Materialien übereinandergeschichtet.

Als Erstes mäht man größere Unkräuter. Dann die Fläche mit mehreren Schichten Zeitung oder Pappe bedecken. Sie ersticken Gras und Unkrautsamen. Wässern. Eine 10–20 cm dicke Schicht Gehölzschnitt darauflegen.

Abwechselnd mehrere Schichten frischer Materialien wie halb zersetztes Laub, abgelagerten Mist, Kompost, Rasenschnitt oder Gemüseschalen und holzige Materialien aufschichten, bis die »Lasagne« etwa 50 cm hoch ist.

Etwas Kompost darüber verteilen. Haben sich die Schichten zersetzt, können Sie aussäen oder pflanzen.

Oben: Kompost

↑

Laub oder Rasenschnitt

↑

Äste und Zweige

↑

Zeitung oder Pappe

↑

Mist oder Kompost

↑

Laub oder Rasenschnitt

↑

Äste und Zweige

↑

Zeitung oder Pappe

↑

Unten: gewachsener Boden

Den Boden pflegen

Baut man Jahr für Jahr dieselben Gemüsearten auf denselben Beeten an, laugt das den Boden aus. Außerdem können sich Krankheitserreger vermehren.

Gemüsepflanzen hinterlassen Spuren im Boden. Einige verbessern die Bodenfruchtbarkeit, andere entziehen ihm Nährstoffe. Gärtner setzen deshalb auf die Fruchtfolge, mit der der Boden gesund bleibt, kräftigere Pflanzen hervorbringt und Schädlinge und Krankheiten im Zaum hält.

Für den eigenen Garten heißt das: Starkzehrer wie Tomaten oder Kohl auf die Flächen setzen, auf denen im Jahr davor Schwachzehrer wie Möhren oder Zwiebeln geerntet wurden.

Know-how: Gründüngung

Als Gründüngung bezeichnet man Pflanzen, die die Bodenfruchtbarkeit verbessern. Man baut sie auf Flächen an, die den Winter über sonst brachliegen würden und verhindert so, dass Nährstoffe ausgewaschen werden und Boden abgetragen wird. Einige Pflanzen reichern den Boden mit Stickstoff an.

Ausgesät wird in Reihen- oder breitwürfiger Saat. Soll die Fläche wieder bewirtschaftet werden, mäht man die Pflanzen, lässt das Laub trocknen und gräbt es dann in den Boden ein. Nach zwei Wochen kann die Fläche bepflanzt werden.

Die Ackerbohne (*Vicia faba*) ist für schwere Böden geeignet, Phacelia oder Bienenweide (*Phacelia tanacetifolia*) verbessert die Bodenstruktur. Ihre Blüten dienen Bienen und Schmetterlingen als Nahrung.

Eine Fruchtfolge über vier Jahre planen

Zuerst ordnet man die Gemüsearten, die man anbauen möchte, in Gruppen und unterteilt die zu bewirtschaftende Fläche in Beete. Es werden mindestens drei Beete gebraucht. Jedes Jahr rückt eine Gruppe ein Beet weiter.

Jahr 1

WURZELN
Rote Bete, Möhre, Zwiebel, Knoblauch; nicht auf frisch gedüngte Flächen.

KARTOFFELN
Lockern den Boden, unterdrücken Unkräuter. Brauchen viel organisches Material.

LEGUMINOSEN
Erbse und Bohne. Bodenfruchtbarmacher: reichern den Boden mit Stickstoff an.

KOHL
Profitieren vom Stickstoff, den die Hülsenfrüchte in den Boden bringen.

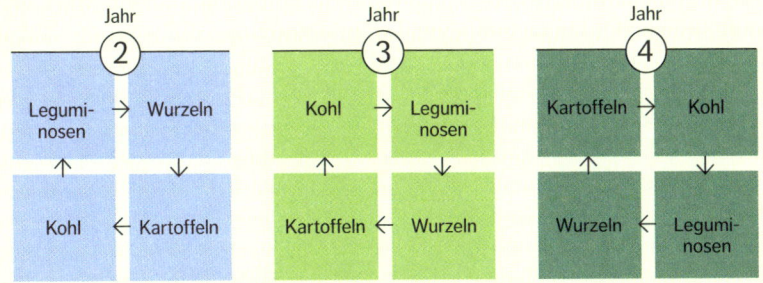

Jahr 2

Legumi-nosen → Wurzeln
↑   ↓
Kohl ← Kartoffeln

Jahr 3

Kohl → Legumi-nosen
↑   ↓
Kartoffeln ← Wurzeln

Jahr 4

Kartoffeln → Kohl
↑   ↓
Wurzeln ← Legumi-nosen

Gärtnern mit Mischkultur

Pflanzt man bestimmte Gemüsearten nebeneinander, stärken sie sich gegenseitig. Sie werden dann weniger von Schädlingen und Krankheiten befallen.

Der Grundgedanke der Mischkultur

Während in der Monokultur nur eine Art pro Fläche angebaut wird, geht man bei der Mischkultur ganzheitlicher vor. Man orientiert sich an den Wäldern: Einige Pflanzen überdachen die Flächen, andere wachsen als Bodendecker oder Kletterpflanzen. Es entsteht ein vielfältiges Ökosystem.

Bei der Mischkultur werden verschiedene Arten so kombiniert, dass sie voneinander profitieren oder sich gegenseitig als Stütze dienen.

→ Know-how: eine Mischkultur anlegen

Große Samen wie Erbsen und Bohnen im gewohnten Abstand legen. Mittelgroße wie Rote Bete, Spinat, Mangold oder Radieschen einzeln oder in Horsten drumherum säen. Kleine Samen von Salaten, Zwiebeln oder Möhren legt man einzeln ins Beet. Damit der Boden bedeckt ist, sät man zum Schluss Senf oder Rauke (Rukola).

Erbse und Bohne | Rote Bete, Radieschen, Spinat und Mangold | Möhre und Salate | Rauke oder Senf

An die Beetränder setzt man Begleitpflanzen wie Ringelblume, Basilikum oder Beinwell. Dann die Fläche mulchen und gießen. Nach vier bis sechs Wochen kann man die Bodendecker ernten. Die Größeren bleiben auf dem Beet und werden bis in den Herbst oder sogar Spätherbst geerntet.

Gute Pflanzpartner

Pflanzen können sich gegenseitig guttun, sei es, weil sie Schädlinge und Krankheiten fernhalten oder die Befruchtung verbessern. Diese Kombinationen sind empfehlenswert.

Tomate und Ringelblumen: Der Duft der Ringelblume vertreibt verschiedene Blattlaus-Arten.

Einjähriges Bohnenkraut und Bohne: Das Bohnenkraut hält die Schwarze Bohnenlaus fern.

Minz-Blätter auf den Beeten verteilen: Der Duft hält Ameisen fern.

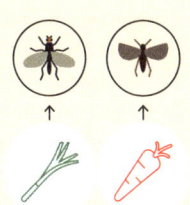

Möhre mit Porree (Lauch): Der Porree schreckt die Möhrenfliege ab, die Möhre Zwiebelfliege und Lauchmotte.

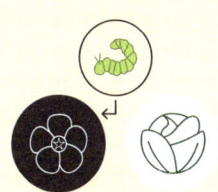

Kapuzinerkresse und Kohl: Raupen legen ihre Eier auf die Kapuzinerkresse und verschonen den Kohl.

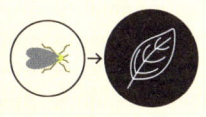

Basilikum pflanzen: dient als Opferpflanze, die Weiße Fliegen anzieht. Die anderen Pflanzen bleiben verschont.

Welche Geräte brauche ich?

Die Auswahl an Gartengeräten ist riesig, sodass es nicht leicht ist herauszufinden, was man wirklich braucht. Vor allem, wenn man gerade erst mit dem Gärtnern anfängt.

Welches Gerät für welche Arbeit?

Schwere Arbeiten

SPATEN: zum Graben und Umgraben.

GRABEGABEL: zum großflächigen Lockern des Bodens.

KREUZHACKE: für das Aufbrechen von schweren Böden.

ZIEHHACKE: zum Roden.

SCHUFFEL: zum Unkrauthacken.

RECHEN: zum Lockern und Einebnen von Boden.

LAUBRECHEN: flexible Zinken für Laub und Rasenschnitt.

Schneiden

ROSENSCHERE: für dünne Äste.

HECKENSCHERE: zum Schnitt von Hecken und Sträuchern.

KORB: zum Transport von Obst und Gemüse.

Handgeräte

HANDGABEL: zum Lockern und Jäten kleiner Flächen.

SCHAUFEL: zum Graben kleiner Löcher.

HANDJÄTER: zum Jäten in Hochbeeten.

PFLANZSCHILD: für Namen und Daten.

Sonstiges

PFLANZHOLZ: für präzise Pflanzlöcher.

SCHNUR: zum Markieren von Reihen.

HANDSCHUHE: schützen die Hände, vor allem vor Dornen.

GIESSKANNE: Das Wasser ist besser zu dosieren als mit einem Schlauch.

SCHUBKARRE: zum Transportieren von Erde oder Mulch.

EIMER: zum Einsammeln von geschnittenen Blättern oder anderem Kompostmaterial.

Pflanzholz

Hecken-
schere

Schaufel

Schnur

Pflanz-
schilder

Rosenschere

Handgabel

Handschuhe

Grabegabel

Laubrechen

Schuffel

Spaten

Rechen

Eimer

Handjäter

Ziehhacke

Gießkanne

Korb

Schubkarre

Gemüse anbauen

- Blattgemüse
- Kohl-Arten
- Fruchtgemüse
- Hülsenfrüchte
- Lauchgemüse
- Wurzel- und Knollengemüse
- Kräuter und essbare Blüten

Pflanzen aus Samen zu ziehen ist ein sehr erfüllendes Erlebnis, vor allem wenn man das Ergebnis später essen kann. Ob exotische Cocktailgurken, knackige Sprossen, scharfe Radieschen oder süße Maiskolben: Mit diesen einfachen Anleitungen können Sie mit wenig Aufwand viel ernten.

Blatt-
gemüse

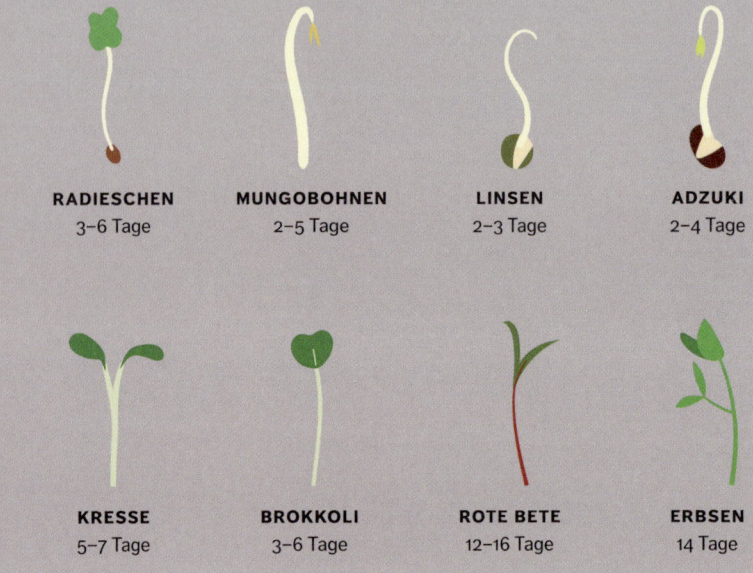

RADIESCHEN
3–6 Tage

MUNGOBOHNEN
2–5 Tage

LINSEN
2–3 Tage

ADZUKI
2–4 Tage

KRESSE
5–7 Tage

BROKKOLI
3–6 Tage

ROTE BETE
12–16 Tage

ERBSEN
14 Tage

Keime und Sprossen kann
man schon nach wenigen
Tagen ernten.

ANBAUZEIT
Das ganze Jahr möglich.

Microgreens

Als Microgreens bezeichnet man die jungen
Triebe schnell keimender Gemüse- und Kräuter-
arten. Man kann sie das ganze Jahr über anbauen.
Geerntet werden sie, sobald sie erste Blätter
gebildet haben.

Eine sonnige Fensterbank und ein Anzuchtgefäß
ist alles, was man braucht. Man kann Joghurt-
becher, Obstschälchen oder Eierkartons verwenden oder ein spezielles Keimgerät kaufen.

Die Größe ist nicht entscheidend: Die winzigen
Microgreens sind reich an Vitaminen und Mine-
ralien und haben einen intensiven Geschmack.

Know-how: Samen kaufen

Um Microgreens zu ziehen, kann man dasselbe Saatgut verwenden wie für die Aussaat von Gemüse oder Kräutern. Es gelingt sogar mit Samen-Schnäppchen, die man zum Ende der Gartensaison machen kann. Die besten Ergebnisse bringt Saatgut, das speziell für die Anzucht von Microgreens gedacht ist.

Aussäen

Keimsprossen

Einige Samen über Nacht in warmem Wasser einweichen und anschließend abspülen. Mehrere Lagen Küchenpapier in die Anzuchtschale legen und gut anfeuchten. Überschüssiges Wasser abgießen und die Samen auf dem Papier verteilen.

Wer ein Keimgefäß besitzt, füllt eine Lage eingeweichte Samen hinein und spült sie zweimal täglich durch. Gefäß auf eine helle Fensterbank stellen und täglich lüften. Die Keimlinge sind in wenigen Tagen essbar.

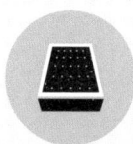

Microgreens

Ein flaches, mindestens 5 cm tiefes Gefäß mit Abzugslöchern im Boden mit Erde füllen. Die Samen darauf verteilen, sodass sie etwa 5 mm Abstand haben. Man braucht weniger Samen als für Keimsprossen.

Mit 5 mm Erde abdecken und vorsichtig gießen. An einem warmen Platz in der Wohnung aufstellen. Die Erde sollte immer feucht, aber nicht zu nass sein. Dünger ist nicht notwendig. Wenn die Triebe 2–3 cm lang sind, beginnt man mit der Ernte. Man schneidet nur die oberen Blätter, sodass die Pflanzen nachwachsen können.

Essen

Microgreens verzehrt man am besten sofort nach dem Schneiden. Zum Beispiel als frischer Sommersalat mit geraspelten Möhren, Avocado, gewürfelter Roter Bete und Sonnenblumenkernen.

Salat

Salat nah an der Küche anzubauen ist sehr praktisch. Fertige Salatmischungen aus dem Plastikbeutel sollen gesundheitlich bedenklich sein, außerdem verursacht der Einkauf Müll. Und mal ehrlich, wer hat nicht schon einmal einen verdorbenen Eisbergsalat weggeworfen ...

Salat, den man zu Hause anbaut, kann man immer dann ernten, wenn man ihn braucht, und er kostet viel weniger als gekaufter. Außerdem ist er frischer, gesünder und besser für die Umwelt.

Salat findet auch im kleinsten Garten Platz. Ein Balkonkasten mit nur 10 cm Tiefe ist dafür ausreichend. Salat wächst schnell. Je nach Aussaatzeit und Art kann man fünf bis acht Wochen nach der Aussaat die erste Ernte genießen.

Anbaukalender

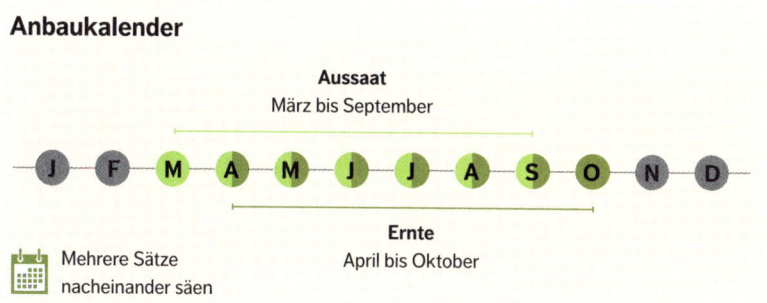

Aussaat
März bis September

J F M A M J J A S O N D

Ernte
April bis Oktober

Mehrere Sätze
nacheinander säen

ROTER SENF

MIZUNA

TATSOI

RAUKE /
RUKOLA

MILD

ROMANA

SALATHERZEN

FELDSALAT

ROTER
EICHBLATT

Sorten

Die Arten unterscheiden sich in Geschmack, Knackigkeit und Farbe. Mit dieser Vielfalt kann man herrlich herumexperimentieren. Hierfür sind fertige Samenmischungen wie der eher scharfe »Asia-Mix« oder »Misticanza« mit mediterranem Touch wie gemacht. Natürlich kann man auch ganz nach dem eigenen Geschmack Samenmischungen herstellen.

Aussäen

Im Topf

Das Gefäß mit torffreier Erde füllen und angießen. Die Samen auf der Erdoberfläche verteilen, andrücken und mit einer dünnen Schicht Erde abdecken. Sät man alle 14 Tage neu aus, hat man immer ausreichend Jungpflanzen. Gut feucht halten.

Direktsaat

Das Beet mit reifem Kompost vorbereiten. Dann im Abstand von 10–15 cm etwa 1 cm tiefe Rillen ziehen. Die Rillen vorsichtig gießen, die Samen hineinlegen und mit etwas Erde bedecken.

Pflegen

Salat braucht Wasser zum Wachsen. Bei Hitze beginnt er sonst zu welken oder schosst. Den Boden immer etwas feucht halten und regelmäßig jäten.

Ernten und Essen

In Mischungen können manche Arten überhandnehmen. Man erntet sie am besten als Erste. Schnittsalat wächst nach und kann laufend geerntet werden. Die Blätter werden geschnitten, wenn sie 5–10 cm groß sind. Wenn Sie regelmäßig gießen, wachsen die Blätter nach.

Arten, die wie Eisbergsalat einen Kopf bilden, werden geerntet, wenn der Kopf voll ausgebildet ist. Man schneidet ihn an der Basis ab.

Nachwachsende Arten kann man mit Blumenerde aus dem letzten Jahr düngen.

Spinat

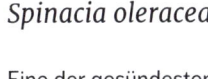

Spinacia oleracea

SAATGUT
Keimfähig: 4 Jahre
Keimdauer: 10–14 Tage

IM TOPF
Die Sorte 'Butterfly'
ist gut geeignet.

GUTE BEETPARTNER
Erdbeere, Bohne, Erbse

Eine der gesündesten Gemüsearten mit einer ordentlichen Portion Antioxidantien. Wer ihn selbst anbaut, ist das ganze Jahr mit gesundem Grün versorgt, denn es gibt frühe Sorten, die im Frühling gesät werden, und späte »Herbst- oder Überwinterungssorten«, die teilweise sogar den Winter über auf dem Beet bleiben können.

Es gibt drei verschiedene Typen: »Savoy« hat knackige, gewellte Blätter, »Smooth« glatte, längliche Blätter und »Semi-Savoy« die Knackigkeit der Savoy-Sorten, aber glattes Laub.

Die Pflanzen profitieren von nährstoffreicher Erde und Wässern bei trockenem Wetter. Der Anbau ist etwas knifflig, da Spinat bei Wärme zum Schossen neigt und anfällig für Schädlinge ist. Auf Seite 56 sind Alternativen vorgestellt.

Anbaukalender

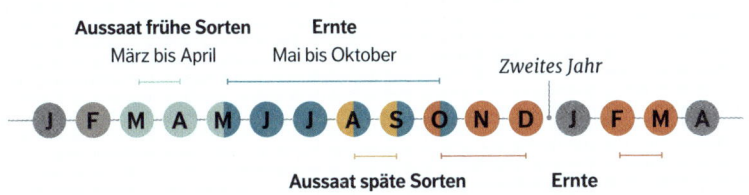

Aussaat frühe Sorten
März bis April

Ernte
Mai bis Oktober

Zweites Jahr

J F M A M J J A S O N D · D J F M A

Aussaat späte Sorten
August bis September

Ernte
Oktober bis Dezember
Februar bis März (zweites Jahr)

Kein »echter« Spinat, aber ähnlich anzubauen

**BLATT-
MANGOLD**
Im Frühjahr aus-
säen und lange Zeit
zu ernten.

**NEUSEELAND-
SPINAT**
Braucht wenig
Pflege. Ernte den
ganzen Sommer
über.

BAUMSPINAT
Die jungen Blätter
sind pinkfarben,
später grün. Braucht
viel Platz.

Aussäen

Im Beet, Hochbeet oder Topf
»Echter« oder »falscher« Spinat – bei allen
beginnt der Anbau gleich.

Das Beet oder Hochbeet wird im Frühjahr
vorbereitet, indem man Steine und Unkraut entfernt und reifen Kompost
einarbeitet. Die Samen 2 cm tief in Reihen säen. Zwischen den Reihen 30 cm
Platz lassen. Neuseelandspinat und Baumspinat brauchen mehr Platz. Man
sät sie mit 60 cm Abstand.

Die Töpfe sollten 15–20 cm groß sein. Zwischen den Samen jeweils 7,5 cm
Platz lassen. Je weiter die Pflanzen auseinanderstehen, um so größere Blätter
kann man ernten.

Pflegen

Sind die Pflänzchen 2 cm groß, werden sie ausgedünnt. Man entfernt die
schwächsten und kann sie als Microgreens (S. 48–49) verzehren.

»Echter« Spinat braucht am meisten Pflege. Besonders wichtig ist das regel-
mäßige Gießen, damit das Schossen vermieden wird.

Baumspinat kann Nitrat anreichern und sollte nicht in zu großen Mengen
gegessen werden. Um die Nitratbildung zu vermeiden, setzt man ihn an einen
Platz, der vorher nicht zu intensiv gedüngt wurde.

Ernten

Regelmäßiges Schneiden bringt
die Pflanze dazu, neue Blätter zu
bilden. Frühe Sorten werden von
Mai bis Oktober geerntet, späte von
Oktober bis März.

Spinat wächst
immer wieder nach
und kann frisch in
Salaten verwendet
werden.

Frühe Sorten setzen relativ schnell Samen an. Heiße, trockene Perioden fördern dies. Am besten schneidet man junge Blätter und sät mehrere Sätze mit
einigen Wochen Abstand.

Wintersorten bilden für längere Zeit Blätter. Steigen die Temperaturen jedoch,
setzen auch sie Samen an.

Lagern

Spinat hält einige Tage, wenn man ihn wäscht, trocknet und in Plastikdosen im
Kühlschrank aufbewahrt. Man kann ihn auch einfrieren.

SAATGUT
Keimfähig: 5 Jahre
Keimdauer: 10–14 Tage

ANBAUZEIT
Ab Mitte April bis zum
späten Sommer aussäen,
lange Zeit des Jahres zu
ernten.

GUTE BEETPARTNER
Erdbeere, Bohne, Erbse

Mangold

Beta vulgaris

Mangold hat eine lange Erntezeit. Das Blattgemüse ist robust, manche Sorten überstehen Frost und können bis ins nächste Frühjahr geerntet werden. Wer viele Monate ernten möchte, sät am besten mehrere Sätze aus, einige ab April, einen im Spätsommer zum Überwintern. Mit großen Blättern und knackigen Stielen ist es ein leckeres »Two-in-one-Gemüse«.

Die weißen, leuchtend roten oder strahlend gelben Stiele sind so schön, dass man die Pflanze ins Blumenbeet setzen kann. Auch gut für Töpfe!

Aussäen

Direktsaat
Der Boden sollte nährstoffreich und leicht sauer sein. Auf schlechtem Boden werden die Stiele hart und faserig. Den Boden mit Kompost aufbereiten. Die Samen werden 1 cm tief gelegt. Zwischen den Reihen 45 cm Abstand lassen.

Sorten
Stielmangold-Sorten wie 'Glatter Silber' haben besonders breite, weiße Stiele. Blattmangold-Sorten haben dünnere, oft bunte Stiele. Die bunten Sorten sind meist weniger winterhart.

Pflegen

Sobald die Pflänzchen groß genug sind, auf 30 cm Abstand ausdünnen. Die herausgezogenen Keimlinge kann man als Microgreens essen (S. 48–49). Wenn der Boden warm und feucht ist, mulchen. Gleichmäßig feucht halten.

Sobald die Pflanzen etwa 15 cm groß sind, einen stickstoffbetonten Dünger geben. Der Boden sollte immer gleichmäßig feucht sein. Vor allem in Hitzeperioden ist das wichtig. Die Pflanzen schossen sonst. Gut versorgte Pflanzen und ein leicht windiger Standort helfen, Mehltau und andere Krankheiten zu vermeiden.

Ernten

Die Pflanzen sind ausdauernd und können laufend geerntet werden, sobald sie 5 cm groß sind. Das Pflücken junger Blätter fördert das Wachstum. Man beginnt mit den äußeren und so vorsichtig, dass die Pflanze nicht aus dem Boden gezogen wird. Das Laub kann natürlich auch groß geschnitten werden.

Kohl-
Arten

Die Arten

Beeindruckend viele der bei uns bekannten Gemüse-arten stammen von *Brassica oleracea* ab. Er wächst an Steilküsten.

Kohl
Brassica oleracea

Die Familie der Kohlgewächse wurde schon vor 2000 Jahren in Kultur genommen. Landwirte und Gärtner haben von Kohlpflanzen mit interessanten oder nützlichen Eigenschaften Samen gesammelt. Ihnen ist es zu verdanken, dass aus einer Pflanze acht Gemüsearten gezüchtet werden konnten.

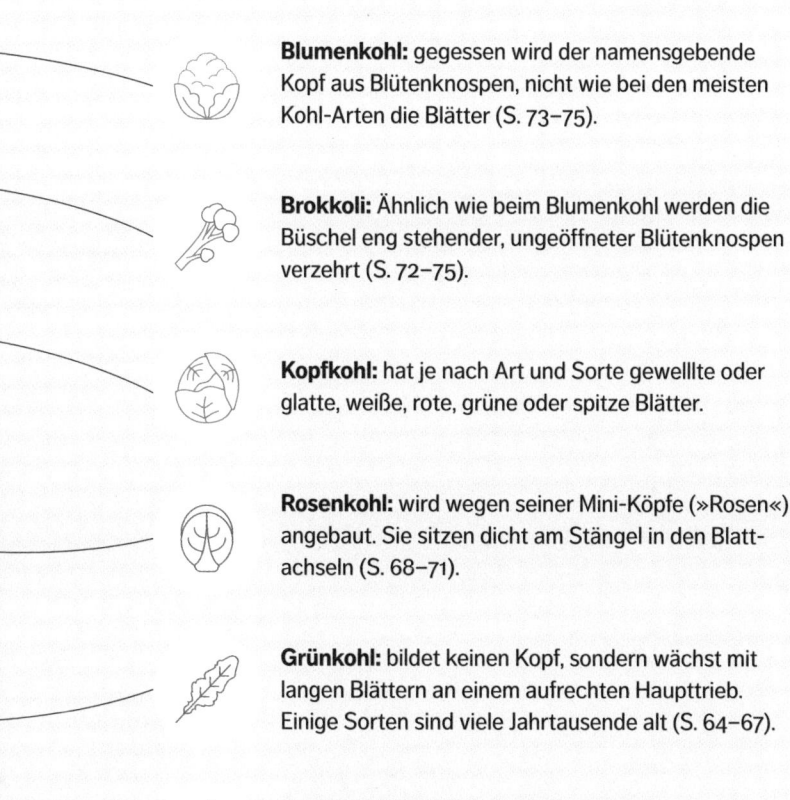

Blumenkohl: gegessen wird der namensgebende Kopf aus Blütenknospen, nicht wie bei den meisten Kohl-Arten die Blätter (S. 73–75).

Brokkoli: Ähnlich wie beim Blumenkohl werden die Büschel eng stehender, ungeöffneter Blütenknospen verzehrt (S. 72–75).

Kopfkohl: hat je nach Art und Sorte gewelllte oder glatte, weiße, rote, grüne oder spitze Blätter.

Rosenkohl: wird wegen seiner Mini-Köpfe (»Rosen«) angebaut. Sie sitzen dicht am Stängel in den Blattachseln (S. 68–71).

Grünkohl: bildet keinen Kopf, sondern wächst mit langen Blättern an einem aufrechten Haupttrieb. Einige Sorten sind viele Jahrtausende alt (S. 64–67).

Kohlrabi: wird wegen seiner dicken Knolle angebaut. Auch das Laub ist essbar (S. 73–75).

Grünkohl

Brassica oleracea var. *sabellica*

SAATGUT
Keimfähig: 5 Jahre
Keimdauer: 7–12 Tage

IM TOPF
'Red Russian'

GUTE BEETPARTNER
Rote Bete, Tomaten,
Kartoffel, Sellerie,
Rosmarin

Das pflegeleichte Wintergemüse, das wegen seiner essbaren Blätter angebaut wird, ist heute auch in der modernen Küche angekommen.

Sein Aussehen erinnert an den wilden Kohl. Grünkohl wächst in den meisten Böden, toleriert leichten Schatten, einige Sorten sind sehr winterhart. Sein Geschmack wird durch Frost sogar besser.

Grünkohl ist im Gegensatz zu Blumenkohl und Kopfkohl weniger anfällig für Schädlinge. Im kleinen Garten setzt man Grünkohl auf abgeerntete Kartoffel- oder Erbsenbeete. Er gedeiht auch im Kübel, braucht im Sommer dann aber einen schattigen Platz.

Sorten

Es gibt Sorten mit grünem, rotem und violettem Laub, einige davon so schön, dass sie ins Staudenbeet passen. Viele Sorten sind ausschließlich regional erhältlich.

Anbaukalender

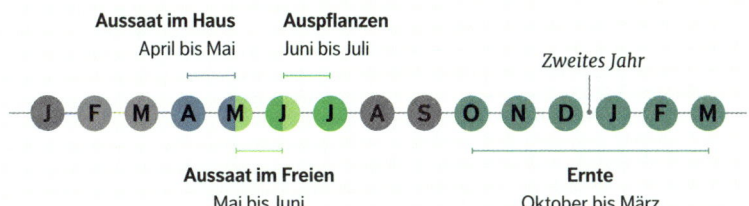

Aussaat im Haus
April bis Mai

Auspflanzen
Juni bis Juli

Zweites Jahr

J F M A M J J A S O N D J F M

Aussaat im Freien
Mai bis Juni

Ernte
Oktober bis März

REGIONALE SORTEN

Mit dicht gewellten, krausen Blättern in hellem oder dunklem Grün, bei einigen Sorten in Violett. Kräftiger Geschmack, viele regionale und historische Sorten.

NERO DI TOSCANA

Palmkohl, auch Schwarz- oder Mittelmeerkohl genannt. Große, nach unten eingerollte Blätter, schmeckt nussig und süßlich.

LERCHEN-ZUNGEN

Schmale, gekrauste, dunkelgrüne Blätter, winterhart.

RED RUSSIAN

Tief geschlitztes Laub mit roter Mittelrippe, mild im Geschmack.

NIEDRIGER GRÜNER KRAUSER

Dunkles, krauses Laub, winterhart.

Aussäen

Vorziehen

Ende April in Multitopfplatten oder Aussaatschalen säen. Die Samen 1 cm tief legen. Das Aussatgefäß an einen hellen, aber kühlen Platz stellen. Nicht austrocknen lassen.

Nach der Keimung schwache Sämlinge herausziehen und die Erde weiter feucht halten. Die Jungpflanzen können nach etwa sechs Wochen ausgepflanzt werden. Sie sollten dann vier oder fünf Blätter haben und 10 cm hoch sein. Vor dem Auspflanzen abhärten.

Pflegen

Das Beet organisch aufdüngen. Die Jungpflanzen vorsichtig behandeln, sodass die Wurzeln nicht verletzt werden. Der Abstand zwischen den Pflanzen sollte 50 cm, zwischen den Reihen 45–60 cm betragen. Sorten, die hoch wachsen, brauchen sogar 60 cm Abstand. Bis zum ersten Blattpaar in die Erde setzen. Die Erde um die Pflanze andrücken und kräftig wässern. Mit einem Netz vor Schädlingen schützen.

Im Frühjahr wässern, mulchen und düngen. Je feuchter der Boden, desto knackiger und süßer ist das Laub. Gelbe Blätter entfernen. Die Raupen des Kohlweißlings machen sich gerne am Laub zu schaffen. Große Pflanzen abstützen.

Grünkohl verträgt Frost. Einige Sorten überstehen sogar Temperaturen bis −15 °C.

Ernten

Lieber weniger Blätter, dafür öfter pflücken. Ab Oktober kann geerntet werden. Man beginnt mit den äußeren oberen Blättern. So wird die Pflanze angeregt, Seitentriebe zu bilden. Sie sind im Februar / März etwa 10 cm lang und können dann geschnitten und gegessen werden.

Wer laufend ernten möchte, pflückt die Blätter, wenn sie 5 cm lang sind. Die Pflanze bildet dann immer neues Laub.

Essen

CHIPS: Für die perfekten Kohl-Chips braucht man drei bis vier große Hände voll Palmkohl-Blätter. Die Blätter von den Stielen streifen, waschen und abtrocknen. Salz, Paprika und 1 TL Olivenöl mischen und die Blätter damit einreiben. Auf einem mit Backpapier ausgelegten Blech verteilen und 15–20 Minuten bei 150 °C backen, bis sie an den Rändern knusprig sind.

Lagern

Möglichst frisch nach der Ernte verzehren. Am besten schmeckt Grünkohl, wenn er etwas Frost abbekommen hat. In einer Plastiktüte im Kühlschrank hält er etwa eine Woche. Zarte Triebe kann man blanchieren und einfrieren.

Rosenkohl

Brassica oleracea var. *gemmifera*

SAATGUT
Keimfähig: 5 Jahre
Keimdauer: 7–10 Tage

IM TOPF
Eine Pflanze pro
30 cm-Topf.

GUTE BEETPARTNER
Salbei, Gurke, Mangold

Wenn man ihn mit Liebe und Sorgfalt zubereitet und nicht verkochen lässt, ist Rosenkohl sehr schmackhaft. Er schmeckt delikat und zart, leicht süß und nussig. Sogar roh ist er eine Delikatesse.

Die Miniatur-Kohlköpfe wachsen langsam, je nach Sorte dauert es 130–170 Tage vom Auspflanzen bis zur Ernte.

Rosenkohl wird im Frühjahr vorgezogen. Die Röschen bilden sich am Haupttrieb der Pflanze von unten nach oben. An der Spitze wächst das Laub kopfkohlförmig zusammen.

Geerntet wird ab Oktober, üblicherweise nach dem ersten Frost. Wer die Röschen einfrieren möchte, sollte sie pflücken, solange sie noch keine Kälteschäden bekommen haben.

Anbaukalender

Aussaat im Haus
April bis Mai

Zweites Jahr

J F M A M J J A S O N D J F M

Auspflanzen
Juni bis Juli

Ernte
Oktober bis März

Sorten

Die Sorten werden je nach Erntezeit in frühe, mittelfrühe und späte unterteilt. Die späten Sorten sind am robustesten. 'Early Half Tall' ist früh und hat dunkelgrüne Röschen, 'Idemar' ist mittelfrüh. 'Hild Ideal' kann vom Herbst bis zum Frühjahr beerntet werden. Er bildet zahlreiche Röschen mit nussigem Geschmack, die leicht zu ernten sind.

Aussäen

Vorziehen

Das Beet im Herbst oder Winter vorbereiten. Ideal ist eine Fläche, auf der vorher Erbsen oder Bohnen standen. Der Standort sollte windgeschützt sein. Reichlich organisches Material oder abgelagerten Mist in den Boden einarbeiten. Über den Winter setzen lassen.

Mit der Anzucht im April beginnen. Bis zur Keimung eine Plastiktüte über die Gefäße stülpen. Dann kühl stellen.

Pflegen

Wenn die Sämlinge im Mai / Juni 10–15 cm groß sind und sieben Laubblätter haben, sind sie groß genug, um ins Beet gesetzt zu werden. Vorher abhärten. Vor dem Pflanzen sollten die Setzlinge gut gewässert und das Beet geglättet werden.

Die Pflanzen bis zu den ersten Blättern in die Erde setzen. Zwischen den Pflanzen sowie zwischen den Reihen 50–60 cm Abstand lassen.

Nach dem Pflanzen noch einmal gut wässern. Wenn es nicht regnet, alle paar Tage gießen. Ist es in den Wochen vor der Ernte trocken, kräftig wässern. Im Juli alle Pflanzen mit Beinwelljauche gießen. Im Herbst anhäufeln (S. 168), damit die Pflanzen Halt haben.

Mit einem Netz vor Schädlingen schützen. Schnecken und Raupen absammeln.

Ernten

Die Röschen sind erntereif, wenn sie noch fest und geschlossen und etwa walnussgroß sind.

Zuerst die unteren Röschen ernten, dann nach oben vorarbeiten. Sie werden mit einem scharfen Messer vom Trieb geschnitten. Gelbe Blätter und geöffnete Röschen entfernen und auf den Kompost geben.

Ein weiter Pflanzabstand sorgt für gute Luftzirkulation. Das hält die Pflanzen gesund.

Essen

Die Triebspitzen sind ebenfalls essbar und wachsen nach. Man kann sie roh als Salat zubereiten, zum Beispiel mit Äpfeln und Walnüssen.

Alternativ röstet man sie in Olivenöl und streut Parmesankäse, Chiliflocken und geriebene Zitronenschale darüber.

Lagern

Rosenkohl hält länger, wenn man die ganze Pflanze aus dem Boden zieht, an einem kühlen, aber frostfreien Ort lagert und die Röschen erst direkt vor dem Kochen abtrennt. Frische, ungewaschene Röschen kann man in Plastiktüten im Kühlschrank lagern.

Brokkoli, Blumen- kohl und Kohlrabi

Brassica oleracea var. *italica,*
B.o. var. *botrytis und B.o.* var. *gongylodes*

SAATGUT
Keimfähig: 5 Jahre
Keimdauer: 7–12 Tage

GUTE BEETPARTNER
Kapuzinerkresse hält
Kohlweißlinge ab. Nicht
auf Flächen pflanzen, auf
denen in den letzten vier
Jahren Kohl-Arten ange-
baut wurden.

Brokkoli wird wie Blumenkohl wegen seiner dicht
stehenden Knospen mit mildem Kohlgeschmack
angebaut. Sie können auch roh gegessen werden.
Das junge Laub und die Stiele sind ebenfalls essbar.
Kohlrabi liefert Sprossknollen.

Brokkoli ist wie alle Kohl-Arten ein Starkzehrer,
ansonsten aber eher unkompliziert anzubauen.
Wichtig ist das Einhalten der Fruchtfolge. Erst nach
vier Jahren dürfen Kohl-Arten auf Flächen gepflanzt
werden, wo Kohl stand. Sonst können sich Kohl-
hernie-Erreger im Boden anreichern.

Samenfeste Brokkoli-Sorten bilden nach dem
Schneiden des Haupttriebs kleinere Seitentriebe,
die ebenfalls geerntet werden können.

Auch Blumenkohl und Kohlrabi werden zu den
genannten Zeiten ausgesät, sogar noch bis Juli.

Anbaukalender

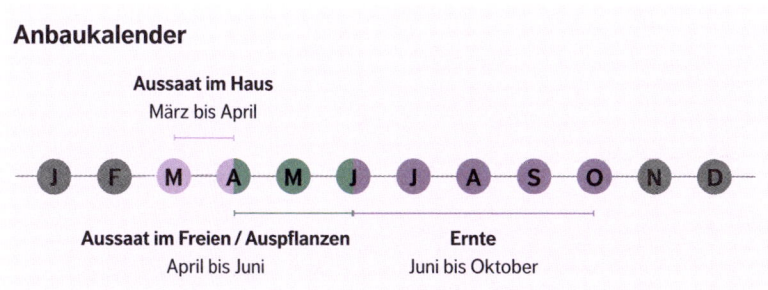

Aussaat im Haus
März bis April

Aussaat im Freien / Auspflanzen
April bis Juni

Ernte
Juni bis Oktober

Winter-Brokkoli

Winter-Brokkoli oder Sprouting Broccoli ist eine Züchtung, die milde Winter übersteht. Seine Knospen stehen in kleineren Büscheln statt in einem Kopf zusammen. Geerntet wird er im folgenden Frühjahr. Da die Pflanzen ein Jahr auf dem Beet stehen, ist Winter-Brokkoli eher für große Gärten geeignet.

FORMEN WINTER-BROKKOLI

PURPLE SPROUTING
Violette Knospenbüschel, je nach Sorte im Spätherbst oder im Frühjahr erntereif.

WHITE SPROUTING
Helle Büschel, zarter im Geschmack als violette Sorten.

Aussäen

Vorziehen

Brokkoli, Blumenkohl und Kohlrabi brauchen alle einen kalkreichen, tiefgründigen und humosen Boden mit guter Wasserversorgung. Man bereitet das Beet bereits im Herbst vor, indem man Kompost und Algenkalk in den Boden einarbeitet. Ein hoher Kalkgehalt ist für die Pflanzen wichtig und verringert das Kohlhernie-Risiko.

Die Samen keimen schon bei niedrigen Temperaturen. Sie können ab März im Haus vorgezogen werden. Gesät wird in Anzuchtschalen oder je zwei Samen pro Anzuchttopf. Nach der Keimung schwache Sämlinge herausziehen.

Pflegen

Die Jungpflanzen werden etwas tiefer ins Beet gesetzt, als sie im Topf standen. Der Abstand zwischen Pflanzen und Reihen sollte 50 cm betragen. Nach dem Pflanzen gut angießen und mit einem Netz vor Schädlingen schützen.

Wöchentlich gießen. In trockenen Perioden brauchen Brokkoli, Blumenkohl und Kohlrabi vor allem in den Wochen vor der Ernte ausreichend Wasser. Das Beet unkrautfrei halten. Regelmäßiges Hacken verbessert zusätzlich die Wasserhaltefähigkeit des Bodens. Gelbe Blätter entfernen. Wenn die Pflanzen etwa 20 cm hoch sind, anhäufeln.

Ernten

Geerntet wird das dicke Knospenbüschel am Haupttrieb, bevor die Knospen sich öffnen. Man schneidet es mit einem scharfen Messer ab. In Hitzeperioden beginnen die Pflanzen zu schossen. Schnell wachsende Kohlrabi-Sorten sind acht Wochen nach Aussaat erntereif.

Winter-Brokkoli bildet mehrere kleinere Knospenbüschel.

Essen

Brokkoli am besten gedünstet, mit Anchovis und einem leichten Dressing oder einer Parmesan-Käse-Kruste.

Lagern

Brokkoli hält in einem Plastikbeutel im Kühlschrank einige Tage, Kohlrabi zwei Wochen. Zum Einfrieren 15 Minuten in Salzwasser legen und abgießen. Dann für 3–4 Minuten blanchieren. Anschließend trocknen und einfrieren.

Frucht-
gemüse

SAATGUT
Keimfähig: 5 Jahre
Keimdauer: 7–12 Tage

IM TOPF
Pro Pflanze wird ein
30-cm-Topf benötigt.

GUTE BEETPARTNER
Basilikum, Salate, Kürbis,
Rosmarin. Pelargonien
halten Krankheiten fern.

Chili und Paprika

Capsicum ssp.

Chilis sind bei Gemüsegärtnern inzwischen beliebter als die großen Paprika. Hier ist ihrer Beschreibung mehr Raum gegeben.

Wer Chili anbaut, kann aus einer riesigen Vielfalt an Formen, Farben und Schärfe wählen. Manche hinterlassen nur ein kleines Prickeln auf der Zunge, andere sind feurig scharf.

Die Schärfe entsteht durch den Stoff Capsaicin. Er regt die Nervenenden im Mund, auf der Haut und in den Augen an. Je mehr Capsaicin eine Schote enthält, desto schärfer ist sie. Die Stärke wird in Scoville-Graden angegeben (S. 80).

Kleinwüchsige Sorten sind für den Anbau im Kübel in kleinen, sonnigen Gärten geeignet. Aber auch im Gemüsegarten können Chili und Paprika angebaut werden. Chili-Pflanzen lieben wie Paprika Sonne und Wärme. Bienen bestäuben sie.

Anbaukalender

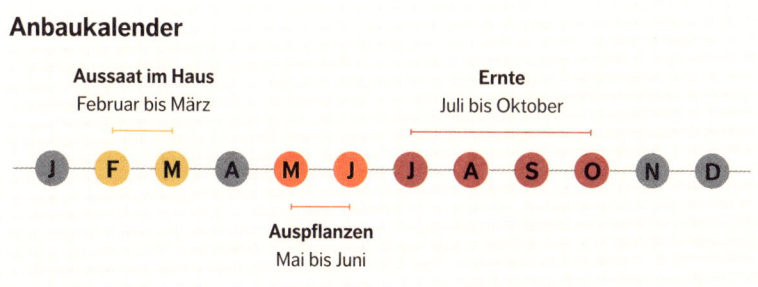

Aussaat im Haus
Februar bis März

Ernte
Juli bis Oktober

J F M A M J J A S O N D

Auspflanzen
Mai bis Juni

Die Scoville-Skala

Sie zeigt die Schärfe von Chili-Schoten und -Produkten in Scoville-Einheiten.

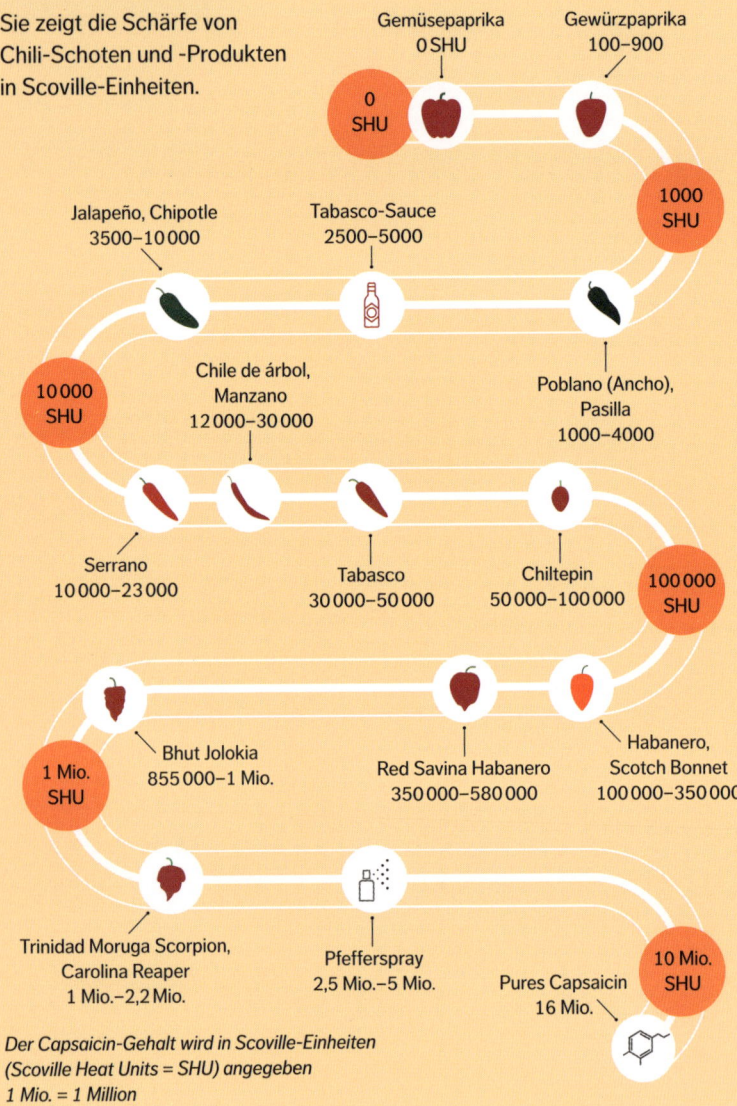

Gemüsepaprika
0 SHU

Gewürzpaprika
100–900

0 SHU

1000 SHU

Jalapeño, Chipotle
3500–10 000

Tabasco-Sauce
2500–5000

Chile de árbol, Manzano
12 000–30 000

Poblano (Ancho), Pasilla
1000–4000

10 000 SHU

Serrano
10 000–23 000

Tabasco
30 000–50 000

Chiltepin
50 000–100 000

100 000 SHU

Bhut Jolokia
855 000–1 Mio.

Red Savina Habanero
350 000–580 000

Habanero, Scotch Bonnet
100 000–350 000

1 Mio. SHU

Trinidad Moruga Scorpion, Carolina Reaper
1 Mio.–2,2 Mio.

Pfefferspray
2,5 Mio.–5 Mio.

Pures Capsaicin
16 Mio.

10 Mio. SHU

Der Capsaicin-Gehalt wird in Scoville-Einheiten (Scoville Heat Units = SHU) angegeben
1 Mio. = 1 Million

Sorten

Für alle Geschmacksnerven und jedes Gericht gibt es die passende Chili-Sorte, also viel Spaß beim Experimentieren. 'Antillais Caribbean' hat kleine, aromatische Schoten, die Zierform 'Fiesta' hat ebenfalls sehr scharfe Früchte. 'Demon Red' ist leuchtend rot und wird in der thailändischen Küche verwendet.

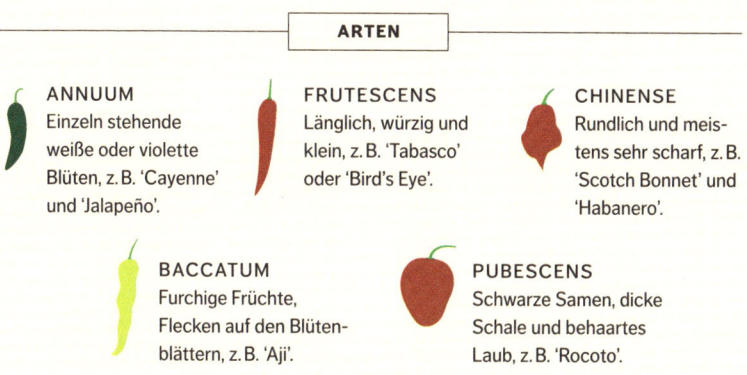

ARTEN

ANNUUM
Einzeln stehende weiße oder violette Blüten, z. B. 'Cayenne' und 'Jalapeño'.

FRUTESCENS
Länglich, würzig und klein, z. B. 'Tabasco' oder 'Bird's Eye'.

CHINENSE
Rundlich und meistens sehr scharf, z. B. 'Scotch Bonnet' und 'Habanero'.

BACCATUM
Furchige Früchte, Flecken auf den Blütenblättern, z. B. 'Aji'.

PUBESCENS
Schwarze Samen, dicke Schale und behaartes Laub, z. B. 'Rocoto'.

Aussäen

Vorziehen
Je zwei Samen von Chili oder Paprika in einen 9-cm-Topf mit Anzuchterde geben. Eine durchsichtige Plastiktüte darüberstülpen und ihn auf ein warmes, helles Fensterbrett stellen. Die Erde sollte immer feucht, aber nie tropfnass sein. Wer viele Pflanzen braucht, sät die Samen in einer Anzuchtschale aus und pikiert sie später in kleine Töpfe. Dabei kann man schwächere Pflanzen aussortieren. Anschließend wieder eine Plastiktüte darüberstülpen. Im Haus an einem warmen Platz stehen lassen. Alle zwei Tage gießen bzw. so viel, dass die Erde nie austrocknet.

Pflegen

Chili und Paprika werden umgepflanzt, wenn die Sämlinge etwa 10 cm hoch sind. Sie hören sonst auf zu wachsen. Der Topf sollte 30 cm Durchmesser haben. Dunkle Farben speichern die Wärme besser. An einen warmen, sonnigen Platz stellen. Ein Minigewächshaus ist perfekt, dort bekommen die Pflanzen die Temperaturen, die sie brauchen.

Laufend gießen, aber keine Staunässe entstehen lassen. Vor allem im Gewächshaus fördert das Besprühen mit Wasser den Fruchtansatz und hält Spinnmilben fern. Zeigen sich die ersten Blüten, z. B. mit Algenkalk organisch düngen.

→ Know-how: Chilis & Paprika draußen anbauen

Unabhängig davon, ob Chili und Paprika im Kübel, Growbag oder im Beet stehen: Sie brauchen Wärme und bilden im (Gewächs-)Haus mehr Früchte. Robuste Paprika-Sorten wählen, in warmen Sommern gelingt der Anbau auch im Freien leichter.

Bevor man die Pflanzen ins Freie setzt, müssen sie abgehärtet werden (S. 33). Sind keine Spätfröste mehr zu erwarten, können Chilis und Paprika ausgepflanzt werden. Dafür die sonnigste Stelle im Garten wählen. Zwischen den Pflanzen 45 cm Abstand lassen.

Große Pflanzen möglichst mit einem Stab abstützen.

Know-how: Befruchtung im (Gewächs-)Haus

Wer Chilis oder Paprika im (Gewächs-)Haus anbaut, sollte oft die Fenster öffnen, damit Bestäuber zu den Pflanzen gelangen können. Oder man befruchtet sie selbst, indem man die Staubgefäße mit einem Pinsel betupft.

Ernten

Zum Ernten schneidet man die Schoten mit einem Messer oder einer Gartenschere am Stiel ab. Im Gewächshaus erntet man sie ab Juli, im Freien im August und spätestens vor dem ersten Frost.

Je reifer die Früchte werden, desto bunter und geschmacksintensiver werden sie. Erntet man die Schoten grün, setzt die Pflanze mehr neue Früchte an. Lässt man Chilis an der Pflanze, vertrocknen sie. Man kann sie dann immer noch ernten und als Chiliflocken verwenden.

Essen

Die Chili-Sorten der Art *pubescens* können roh in Salsas oder mit Käse gefüllt gegessen werden, *chinense*-Sorten eignen sich zum Marinieren von Fleisch.

Lagern

Getrocknet sind Chilis lange haltbar. Dafür die Schoten längs aufschneiden (Handschuhe!), nach Wunsch die Kerne entfernen und die Hälften auf ein Backblech legen. Bei 80 °C lässt man sie je nach Sorte bis zu acht Stunden im Ofen. Dabei die Tür leicht geöffnet lassen und regelmäßig kontrollieren (scharfer Dampf entweicht). Abkühlen lassen und in Schraubgläsern lagern.

Tomate

Lycopersicon esculentum

SAATGUT
Keimfähig: 5 Jahre
Keimdauer: 7–12 Tage

IM TOPF
Die meisten Sorten kann
man im Topf anbauen.
'Tumbler' ist gut für
Hanging Baskets.

GUTE BEETPARTNER
Schnittlauch, Minze,
Tagetes. Basilikum verbessert den Geschmack und
hält Blattläuse fern.

Die Tomate gehört wie Paprika, Kartoffel und
Aubergine zu den Nachtschattengewächsen
und ist eigentlich eine Frucht, kein Gemüse.

Sie selbst anzubauen ist ein Vergnügen und man
kann aus einer großen Sortenvielfalt auswählen.
Am besten entscheidet man sich für eine, die
zum Standort passt – Hinterhof, Hanging Basket
oder Balkon – und zieht sie selbst aus Samen. Die
Pflanzen brauchen einen warmen, geschützten
Platz und viel Licht. Wer kein Gewächshaus hat,
wählt Freilandsorten.

Ausgesät wird im Frühling. Bekommen die Pflanzen genug Wasser, Dünger und Wärme, tragen sie
im Sommer reichlich Früchte. Am schwierigsten
ist die Wahl, welche Sorte man anbauen möchte.

Anbaukalender

Aussaat im Haus
März bis April

Ernte
August bis Oktober

J F M A M J J A S O N D

Auspflanzen
Mai bis Juni

Sorten

Die Wildform der Tomate stammt aus den Anden. Auch ihre Nachfahren sehnen sich nach dem Klima der Bergregionen: Sie sind frostempfindlich und vertragen weder zu viel Hitze noch Trockenheit.

STRAUCHTOMATEN

Latah (frühe Sorte)

Green Zebra (für Salsa)

Golden Sunrise

FLASCHENTOMATEN

Roma (für Ketchup)

Ananas (Fleischtomate)

San Marzano (für Pastasauce)

CHERRYTOMATEN

Green Envy

Gardener's Delight (gelingt immer)

Black Cherry

Sungold

Snowberry

Tumbling Tom (wächst hängend)

FLEISCHTOMATEN

Cherokee Purple

Brandywine (für Scheiben)

Costoluto Fiorentino

Black Krim

Gigantomo (größte Fleischtomate)

BUSCHTOMATE
(auch Strauchtomate).
Bildet einen Haupttrieb
mit Seitentrieben,
braucht nicht ausge-
geizt zu werden. Gut für
Töpfe im Freien. Sorten:
'Jani' oder 'Roma'.
Alle Früchte reifen
gleichzeitig.

STABTOMATE
Die verbreitetere
Wuchsform, wächst
eintriebig. Muss ange-
bunden und ausge-
geizt werden. Sorten:
'Beefsteak', 'Dorenia'
oder 'Black Cherry'.
Die Früchte reifen
während der Saison
nacheinander.

Aussäen

Vorziehen im Topf

Pro 9-cm-Topf ein bis zwei Samen aussäen. Auf ein sonniges
Fensterbrett stellen. Eine Plastiktüte darüberstülpen und mit
einem Gummiband befestigen. Zeigt sich der Sämling nach
ein bis zwei Wochen, warm und feucht halten. Die Pflanze für
weitere vier bis fünf Wochen im Haus behalten.

Vorziehen in Multitopfplatten

Wer Platz für viele Pflanzen hat, sät in Multitopfplatten aus.
Dafür die Kammern mit Erde füllen, je einen Samen hineinlegen, leicht mit Erde bedecken und vorsichtig angießen. Gut
andrücken, damit ein fester Wurzelballen entsteht.

Nach drei Wochen die Sämlinge in 9-cm-Töpfe umpflanzen.
Schwache Pflänzchen dabei aussortieren. Auf ein sonniges
Fensterbrett stellen und weitere drei Wochen wachsen lassen.

Pflegen

In Growbags oder Töpfe auspflanzen

Die Pflanzen abhärten. Nach den letzten Frösten und wenn
die Pflanzen etwa 15–20 cm groß sind (dann öffnen sich meist
auch die ersten Knospen), in Growbags oder 30-cm-Töpfe
umpflanzen. In jeden Growbag maximal zwei, in jeden Topf
maximal eine Pflanze setzen.

Die Pflanzen brauchen einen sonnigen, geschützten Platz,
z. B. eine Südwand oder einen Balkon. Frost, kalter Wind und
Trockenheit schaden ihnen. Oft, aber wenig gießen.

Ins Hochbeet oder Beet auspflanzen

Kompost oder abgelagerten Mist sowie einen organischen
Mehrnährstoffdünger in den Boden einarbeiten. Pflanzab-
stände: Stabtomaten 40 cm, Buschtomaten 60 cm.

 ## Know-how: Stabtomaten pflegen

HALT GEBEN
Den Haupttrieb mit
einem Stab stützen.
Die Schnur nicht am
Trieb, sondern am Stab
verknoten.

AUSGEIZEN
Blattansätze in den
Blattachseln »aus-
geizen«, also durch
Herausknicken oder
-schneiden entfernen.

LAUB ENTFERNEN
Triebe und Blätter,
die auf den Boden
hängen, am Haupttrieb
abschneiden.

EINKÜRZEN
Gegen Ende der Saison
den Haupttrieb einkür-
zen, damit die restlichen
Früchte reifen.

Während der Saison

Pflanzen in Kübeln müssen häufiger gegossen werden als solche, die im Boden stehen. Tomaten benötigen generell viel Wasser und Dünger. Sobald sich die ersten Blüten zeigen, den Pflanzen alle 10–14 Tage einen organischen Volldünger geben. Bilden sich die Früchte, auf kaliumbetonte Düngung umstellen.

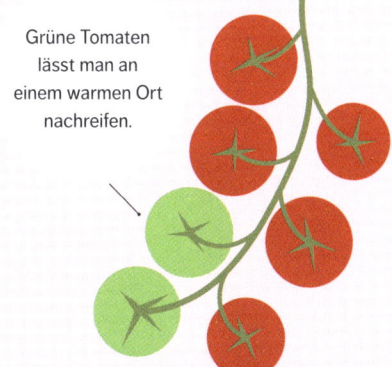

Grüne Tomaten lässt man an einem warmen Ort nachreifen.

⊕→ Know-how: Krankheiten vermeiden

KRAUTFÄULE

Tritt auf bei warmem, feuchtem Wetter. Zeigt sich in braunen Blattflecken. Befallene Blätter und Früchte entfernen.

BLÜTENENDFÄULE

Entsteht bei unregelmäßiger Wasserversorgung und trockenem Boden. Schwarze Flecken an der Unterseite der Früchte.

AUFPLATZEN

Geplatzte Früchte können ein Zeichen von Übergießen sein. Die Erde möglichst gleichmäßig feucht halten.

Ernten

Für maximale Süße stellt man das Gießen einige Tage vor der Ernte ein. Grüne Tomaten in einer transparenten Kiste mit Deckel an einen warmen Ort stellen.

Lagern

Halten sich bei Raumtemperatur mehrere Tage. Nicht in den Kühlschrank legen. Tomaten können eingefroren werden.

Tomatillo

Physalis philadelphica

SAATGUT
Keimfähig: 3 Jahre
Keimdauer: 10 Tage

ANBAUKALENDER
Aussaat: März bis April
Auspflanzen: Mai
Ernte: Juli bis Oktober

Als wesentlicher Bestandteil mexikanischer Gerichte verleihen Tomatillos grünen Salsas ein zitroniges Aroma. Die Früchte sind klein, rund, grün oder violett und hängen in einer wie Papier wirkenden, laternenförmigen Hülle.

Tomatillos sind Fremdbefruchter. Um Früchte ernten zu können, muss man also mindestens zwei Pflanzen anbauen. Dafür bringen sie reiche Ernte. Jede Pflanze produziert etwa 450 g Früchte. Das ist ausreichend für mehrere Gläser hausgemachter Salsa.

Aussäen

Vorziehen

Die Samen in kleine Töpfe oder Multitopf-platten säen und bis zur Keimung auf ein warmes, sonniges Fensterbrett stellen. Sind die Pflänzchen 5 cm groß, in 9-cm-Töpfe verpflanzen. Die Erde feucht, aber nicht staunass halten. Abhärten (S. 33).

Pflegen

Im Mai kann die Tomatillo an einen warmen, son-nigen und geschützten Platz im Freien umziehen. Man pflanzt sie so, dass zwei Drittel im Boden sitzen (nur etwa 10–15 cm herausragen) und mit 80 cm Abstand. Auch Kultur in großen Kübeln ist möglich.

Tomatillo-Pflanzen müssen nicht gestützt werden. Sind sie 30 cm groß, neigt sich der Haupttrieb Rich-tung Boden. Das ist normal, die Pflanze kann so neue Wurzeln bilden. Einen kaliumbetonten Dünger geben. Die Erde gleichmäßig feucht halten und Unkräuter regelmäßig entfernen.

Ernten

Geerntet wird meist ab Juli. Man pflückt die noch grünen Früchte, wenn die Hülle aufgerissen ist. In einer Papiertüte halten sie im Kühlschrank bis zu einer Woche. Entfernt man die Hülle und wäscht die Früchte, kann man sie auch einfrieren.

Essen

Die herben grünen Früchte sind perfekt für grüne Salsas und andere Saucen, Suppen und Guacamole. Sie schmecken gut auf Sandwiches zu Schwein und Hühnchen.

Kürbisgewächse

Auch Zucchini sind Kürbisgewächse. Im Gegensatz zu Kürbissen werden sie unreif geerntet, also wenn die Schale noch dünn ist und die Kerne noch nicht ausgereift sind. Die Früchte der Kürbisgewächse gibt es in allen möglichen Formen und Farben.

Gelbe Zucchini

Costata Romanesco

Crookneck

Eight Ball

Grüne Zucchini

Tromboncino

Ernte im Sommer

Pattison / Ufo

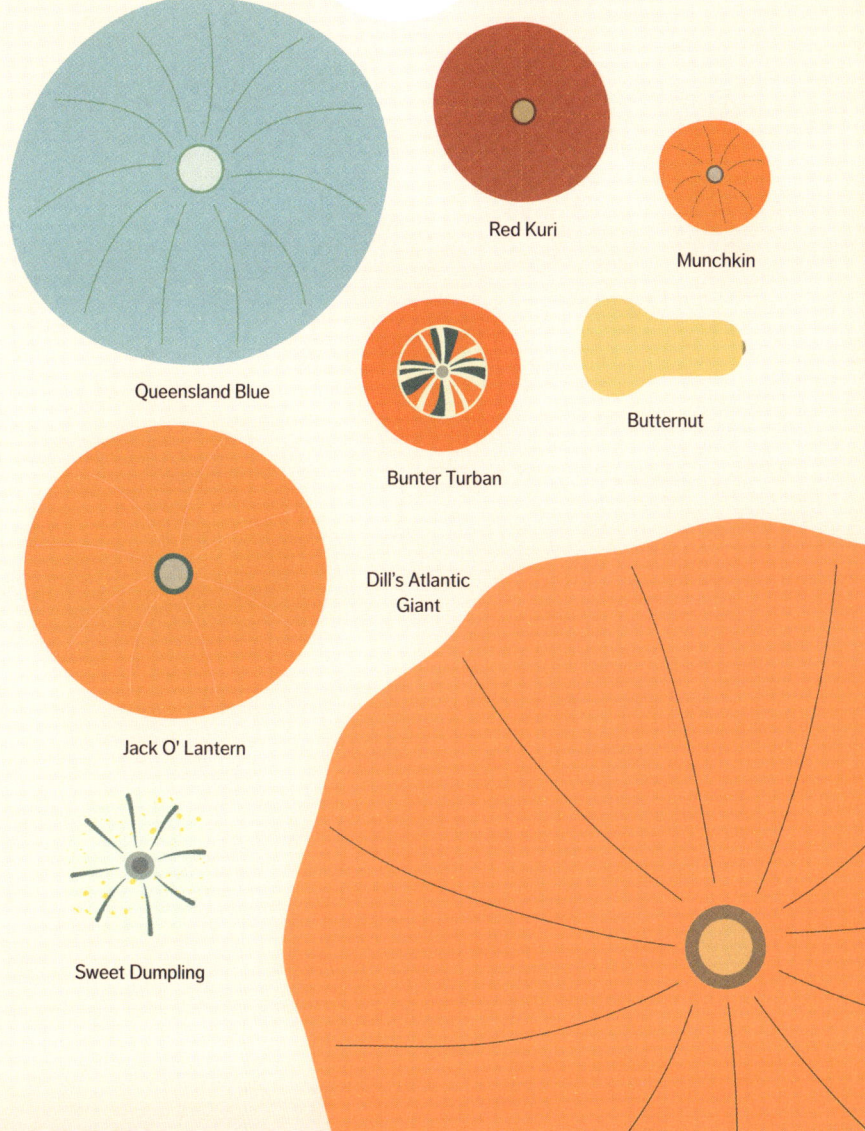

Ernte im Herbst

Queensland Blue

Red Kuri

Munchkin

Bunter Turban

Butternut

Dill's Atlantic Giant

Jack O' Lantern

Sweet Dumpling

SAATGUT
Keimfähig: 5 Jahre
Keimdauer: 8–12 Tage

IM TOPF
Die Sorte
'Zuboda'

GUTE BEETPARTNER
Bohne, Radieschen, Kapu-
zinerkresse. Ringelblume
lockt Insekten an, die die
Blüten bestäuben.

Zucchini

Cucurbita pepo

Sind Zucchinipflanzen einmal angewachsen, ist das größte Problem, was sie bereiten, eine Ernteschwemme. Die Zucchini ist eine Unterart des Gartenkürbis. Im Gegensatz zu Kürbissen erntet man sie jedoch unreif. Ihre Schale und das Innere sind relativ fest, weshalb sie bei vielen Menschen beliebter ist als der Kürbis. Um die Zucchinischwemme zu vermeiden, kann man sie Freunden schenken oder möglichst viele verschiedene Sorten anpflanzen (S. 92).

Der Anbau der Zucchini ist relativ einfach. Die großen Blätter unterdrücken das Unkraut und die Früchte wachsen relativ schnell. Einige Sorten ranken und können auf dem Balkon angebaut werden. Zucchini werden von Insekten bestäubt. Sind die Temperaturen niedrig, kann man von Hand nachhelfen. Dafür überträgt man den Pollen einer männlichen Blüte auf die Narbe der weiblichen Blüte.

Anbaukalender

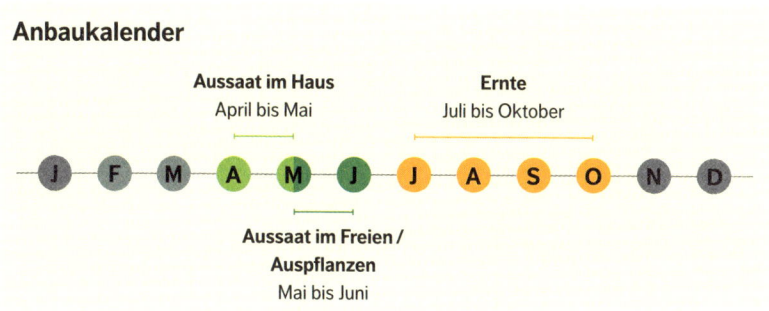

Aussaat im Haus
April bis Mai

Ernte
Juli bis Oktober

J F M A M J J A S O N D

Aussaat im Freien /
Auspflanzen
Mai bis Juni

Sorten

Zucchini gibt es mit grünen, gelben oder gestreiften sowie länglichen oder runden Früchten. Die Blüten sind eine Delikatesse. 'Black Forest' klettert und ist für den Balkon geeignet. 'Zephyr' hat weiche, halb gelbe, halb grüne Früchte mit nussigem Geschmack, 'Shooting Star' feste, gelbe Früchte und passt gut zu Salaten und Pfannengerichten.

Aussäen

Vorziehen

Die Samen über Nacht in Wasser legen. 7-cm-Töpfe mit Erde füllen und je zwei Samen senkrecht, 2,5 cm tief hineinstecken. Anschließend eine durchsichtige Plastiktüte über den Topf stülpen und mit einem Gummiband befestigen. Den Topf auf ein Fensterbrett stellen. Wenn die Samen keimen, die schwächere Pflanze entfernen. Vor dem Auspflanzen abhärten.

Direktsaat (Spätfrühling)

Eine andere Möglichkeit ist die Aussaat direkt ins Beet. Dafür zuerst reichlich abgelagerten Mist oder Kompost in die Erde einarbeiten. Die Samen mit der schmalen Seite in den Boden stecken. Buschig wachsende Sorten brauchen einen Abstand von 90 cm, rankende 1,2–2 m. Auch die Direktsaat in einen großen Kübel ist möglich.

Pflegen

Pro Growbag zwei, pro Topf eine im Haus vorgezogene Pflanze im Juni auspflanzen. Je nach Sorte 60–90 cm auseinanderstellen. Rankende Sorten brauchen mehr Platz.

Während der Wachstumsperiode regelmäßig gießen. Die Blätter sollten trocken bleiben. Wenn die Pflanze Früchte ansetzt, alle 10–14 Tage einen organischen, kaliumbetonten Dünger geben.

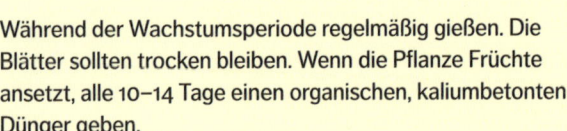

⊕ Know-how: Krankheiten vermeiden

Der Echte Mehltau ist eine Pilzkrankheit, die die Produktivität der Pflanze beeinträchtigt. Er verursacht einen fleckigen weißen Belag auf den Blättern. Um Mehltau zu vermeiden, die Pflanzen weit auseinander setzen, sodass die Luft gut hindurchziehen kann, an heißen Tagen gut feucht halten und unter der Pflanze, aber nicht zu nah am Haupttrieb, mulchen.

Ernten

Vom Sommer bis in den Herbst hinein laufend ernten. So wird die Pflanze angeregt, neue Früchte zu bilden. Mit einem scharfen Messer abschneiden.

Lässt man Zucchini lange an der Pflanze, werden sie riesig und faserig.

Essen

Weibliche Blüte   Männliche Blüte

Blüten und junge Triebe
Die Blüten und jungen Triebe von Zucchini gelten als Delikatesse. Man bekommt sie jedoch kaum zu kaufen, weil sie nach der Ernte nicht lange haltbar sind. Nur die männlichen Blüten pflücken, aber einige für die Bienen an der Pflanze lassen. Mit Ricotta, Zitronenzesten und Pinienkernen füllen, in Bierteig tauchen und frittieren.

Lagern

Haben die Früchte keine Druckstellen, hält die feste Schale das Innere eine Woche frisch. Die Zucchini an einem kühlen Ort lagern und vorsichtig transportieren. Jeweils so viel davon abschneiden, wie benötigt.

Kürbis

Cucurbita pepo, C. moschata, C. maxima

SAMEN
Keimfähig: 5 Jahre
Keimdauer: 8–12 Tage

IM TOPF
'Sweet Dumpling'

♡

GUTE BEETPARTNER
Bohne, Radieschen, Kapuzinerkresse, Ringelblume

Zu Halloween zeigt der Kürbis sich von seiner dekorativen Seite, aber auch als Gemüse ist er sehr vielseitig, nahrhaft und wohlschmeckend. Er steckt voller Vitamin A und Antioxidantien und soll den Cholesterinspiegel positiv beeinflussen.

Kürbispflanzen sind schnell wachsend, bilden Ranken und brauchen viel Platz an einem sonnigen, geschützten Standort. Man beginnt mit der Aussaat draußen nach den letzten Frösten und wenn der Boden warm genug ist für die Keimung. Auch der Anbau in Growbags oder Kübeln ist möglich.

Anbaukalender

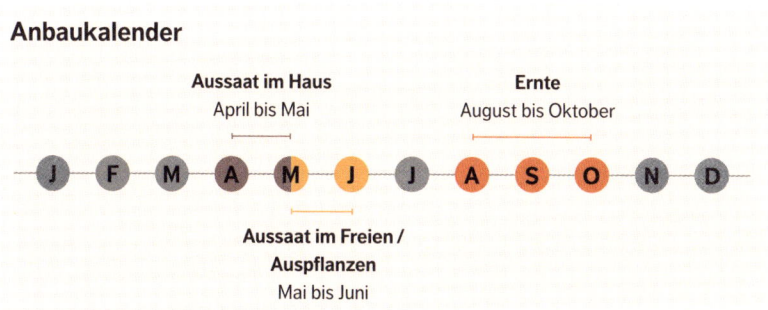

Aussaat im Haus
April bis Mai

Ernte
August bis Oktober

J F M A M J J A S O N D

Aussaat im Freien /
Auspflanzen
Mai bis Juni

Sorten

Bei Kürbis ist die Vielfalt, was Farbe, Konsistenz, Geschmack und Größe angeht, riesig. Es gibt Jumbosorten wie 'Atlantic Giant' (Dill's), aber auch solche mit weniger großen Früchten.

'Jack Be Little' wird nur etwa faustgroß. 'Munchkin' ist eine sehr hübsche Sorte, mit der man Bögen oder Gerüste beranken lassen kann. 'Rouge Vif d'Etamps' ('Roter Zentner') ist leuchtend orange und sehr dekorativ.

Aussäen

Vorziehen
Die Samen über Nacht einweichen und je zwei Stück 2,5 cm tief in 9-cm-Töpfe stecken. Die Töpfe mit einer Plastiktüte bedecken und an einem warmen, hellen Platz aufstellen. Kühler halten, sobald sich einige Blätter gebildet haben. Nach den letzten Frösten abhärten. Anfang Juni an einen sonnigen, windgeschützten Platz mit feuchtem Boden pflanzen.

Direktsaat
Die Pflanzlöcher zwei Wochen vor der Aussaat vorbereiten. Dafür ein spatentiefes Loch ausheben und mit Kompost, abgelagertem Mist und Erde füllen. Ausgesät wird von Mai bis Juni, der Abstand ist abhängig von der Sorte.

Pflegen

Von der Aussaat bis zur Ernte dauert es etwa 120 Tage, bei großen Sorten sogar 150 Tage. Bei Trockenheit nah am Haupttrieb gießen. Um Mehltau zu vermeiden, die Blätter trocken halten. Sobald die Pflanze Früchte ansetzt, alle 14 Tage mit Asche düngen. Damit die Früchte nicht auf dem feuchten Boden liegen und faulen, eine umgedrehte Multitopfplatte oder einen Backstein unterlegen. Wird der Haupttrieb eingekürzt, geht mehr Energie in die Früchte.

Ernten

Kürbis vor dem ersten Frost ernten. Im Herbst die Blätter entfernen, sodass die Früchte Sonne bekommen und vollständig ausreifen.

Weniger gießen, wenn die Früchte beginnen, ihre Farbe zu ändern. Sie werden dann besser lagerfähig.

Ist der Kürbis reif, schneidet man ihn von der Pflanze. Dabei lässt man möglichst viel vom Stängel am Kürbis. 10 Tage in der Sonne ausreifen lassen. Dadurch wird die Schale härter. Bei Frost über Nacht zudecken.

Die Triebe in Kreisen legen. So breitet sich die Pflanze nicht zu weit aus.

Essen

LAUB: Haben sich drei bis vier Früchte gebildet, Triebspitzen und junges Laub abschneiden. Die zarten grünen Pflanzenteile sind essbar. Man kann sie dünsten, frittieren oder kochen.

BLÜTEN: Wie bei Zucchini ist die Kürbisblüte essbar. Nur die männlichen pflücken. Man erkennt sie an den langen, dünnen Blütenstielen. Weibliche Blüten haben kürzere, dickere Stängel.

SAMEN: Abspülen, auf einem Backblech verteilen, würzen und mit Olivenöl beträufeln. 10 Minuten bei 150 °C im Ofen backen. Abkühlen lassen und in einem Schraubglas lagern.

Lagern

Nach dem Abreifen an einem trockenen, kühlen und gut belüfteten Ort lagern. Ideal ist ein Spaltenboden oder Netz. So ist Kürbis mehrere Monate haltbar.

Gurke

Cucumis sativus

SAATGUT
Keimfähig: 5 Jahre
Keimdauer: 8–12 Tage

IM TOPF
'La Diva' hat kleine Früchte
und gedeiht im Kübel gut.

GUTE BEETPARTNER
Dill, Zuckermais, Bohnen,
Sonnenblumen. Nicht mit
Kartoffeln und aromati-
schen Kräutern anbauen.

Die einjährige Kletterpflanze mit knackigen und trotzdem saftigen Früchten ist ein Muss für Salate.

Sie kann im Beet oder in Töpfen angebaut werden, manche Sorten müssen im Gewächshaus stehen. An kühlen oder schattigen Plätzen fällt die Ernte kümmerlich aus. Die Pflanzen brauchen außerdem reichlich Wasser und Dünger.

Wer Gurken im Haus ziehen möchte, muss geeignete Sorten wählen. Sie sind »parthenokarp«, d. h., dass die Blüte nicht befruchtet werden muss und keine Samen bildet. Für den Anbau im Freiland ist die Auswahl an Sorten größer und es ist nicht notwendig, Bienen von den Pflanzen fernzuhalten. (Parthenokarpe Sorten wachsen deformiert, wenn sie bestäubt werden.)

Anbaukalender

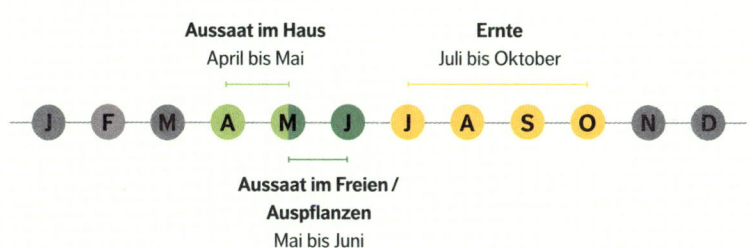

Aussaat im Haus
April bis Mai

Ernte
Juli bis Oktober

J F M A M J J A S O N D

Aussaat im Freien /
Auspflanzen
Mai bis Juni

Sorten

'Marumba' ist resistent gegen Gurkenkrätze, braucht aber ein Gewächshaus; die Freilandsorte 'Marketmore' bildet viele mild schmeckende Früchte; 'Boston Pickling' ist eine frühe Sorte für Salate und zum Einlegen. Außergewöhnlich ist 'Lemon' mit kugelrunden, hellgelben Früchten mit süß-fruchtigem Geschmack.

FORMEN

SCHMORGURKE
Anbau im Freiland. Dicke, kurze Früchte mit pickeliger Schale: z. B. 'Delikatess' und 'Fatum'.

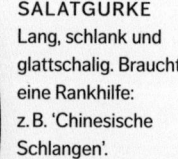

SALATGURKE
Lang, schlank und glattschalig. Braucht eine Rankhilfe: z. B. 'Chinesische Schlangen'.

EINLEGEGURKE
Kurze und dicke Früchte mit trockenem Inneren. Zum roh Essen oder Einlegen, z. B. 'Vorgebirgstrauben'.

Aussäen

Vorziehen
Die Samen in 7-cm-Töpfe mit der Schmalseite nach unten 1 cm tief in die Erde legen. Eine Plastiktüte über den Topf stülpen, mit einem Gummiband befestigen. Die Keimung dauert fast zwei Wochen. Dann stellt man den Topf auf ein helles, sonniges Fensterbrett. Feucht, aber nicht nass halten. Gut abhärten.

Direktsaat
Im Mai / Juni drei Samen einer Freilandsorte mit der schmalen Seite nach unten 1 cm tief in reichen Boden legen. Pflanzabstand 90 cm. Die zwei schwächeren Pflanzen ausdünnen.

Pflegen

Im Topf angezogene Pflanzen werden ab Ende Mai an einen sonnigen, geschützten Platz gesetzt. Das Pflanzloch wird mit Kompost oder abgelagertem Mist gefüllt. Zwischen den Pflanzen lässt man je nach Sorte 30–60 cm Platz. Mit Vlies oder Pflanzglocken schützen. Um die Basis durchdringend gießen. Gurkenpflanzen sollten vor allem während Blüte und Fruchtansatz keinen Trockenstress haben.

Die Triebspitze sowie Spitzen blütenloser Triebe herausknipsen, sobald sie sieben Blätter haben. Bilden sich die ersten Früchte, gibt man etwa alle zwei Wochen einen organischen, kaliumbetonten Dünger. Die Pflanzen kann man über den Boden kriechend wachsen lassen oder an einem Rankgerüst ziehen.

Know-how: Gurken bestäuben

Im Freiland übernehmen Insekten das Bestäuben der gelben Blüten. Dafür müssen männliche sowie weibliche Blüten vorhanden sein. Bei Gewächshaussorten entfernt man die männlichen Blüten. Im Unterschied zu weiblichen Blüten haben sie keinen verdickten Stiel zwischen Blütenansatz und Trieb.

Ernten

Wenn die Gurken 15 cm (Einlegegurken 5–7 cm) lang sind, schneidet man sie mit einem scharfen Messer am Stiel ab. Je früher man sie erntet, desto intensiver ist der Geschmack der Früchte. Regelmäßiges Ernten führt zu mehr Fruchtansätzen.

Cocktailgurke

Zehneria scabra

Sie sehen aus wie Miniatur-Wassermelonen und bringen einen Hauch Exotik in den Garten. Der Geschmack erinnert an Gurke, aber mit einer zitronigen Note. Der Anbau ist einfacher als bei Gurken und sie sind kaum anfällig für Schädlinge.

Die produktiven Kletterpflanzen können gut in Kübeln, Hanging Baskets oder auf einem warmen, hellen Fensterbrett angebaut werden – in milden Regionen sogar im Freien. Andere Namen sind Mexikanische Minigurke oder Melothria.

SAATGUT
Keimfähig: 5 Jahre
Keimdauer: 2–4 Wochen

IM TOPF
Eine Pflanze pro
20-cm-Topf

ANBAUKALENDER
Aussaat: April bis Mai
im Haus; Ernte: Juli bis
September

Aussäen

Vorziehen

Die Samen brauchen etwas Platz: Mit dem stumpfen Ende nach unten so tief in die Erde stecken, dass sie gerade nicht mehr zu sehen sind. Gießen. Sie keimen bei 24 °C, ein sonniger Platz auf dem Fensterbrett ist genau richtig. Die Samen keimen nach etwa vier Wochen.

Pflegen

Wenn die Pflanzen 5–7,5 cm groß sind, in 7-cm-Töpfe pflanzen. Beginnen sie Ranken zu bilden, in 20-cm-Töpfe umsetzen. In diesen stellt man sie nach dem Abhärten an einen geschützten Platz ins Freie.

Die Ranken benötigen eine Kletterhilfe. Draht oder Stäbe sind geeignet. Sie sollten immer feucht stehen. Gegossen wird an die Basis, nicht auf das Laub. Organisch und kaliumbetont düngen. Man pinziert den Haupttrieb, wenn die Pflanzen kräftig sind.

Ernten

Erntereif ab Mitte des Sommers, wenn die Früchte traubengroß und fest sind.

Essen

SALATE UND SALSAS: Die Ranken in Salat mischen, mit Olivenöl und Salz als Beilage servieren oder in Salsas verarbeiten.

COCKTAILS: Als außergewöhnliche Zutat aus dem eigenen Garten zur Deko von Cocktails verwenden.

EINLEGEN: Mit Weißweinessig, Minze und Dill einlegen.

Zuckermais

Zea mays

SAATGUT
Keimfähig: 3 Jahre
Keimdauer: 10–12 Tage

IM TOPF
Für besseren Stand
anhäufeln.

GUTE BEETPARTNER
Erbse, Bohne, Kürbis,
Gurke, Sonnenblume,
Petersilie

Die schnell wachsende, einjährige Pflanze wird auf der ganzen Welt wegen ihrer essbaren, goldgelben Kolben angebaut.

Zuckermais ist frostempfindlich und muss unter Glas vorgezogen werden. Sobald er im Freien steht, fangen die weiblichen Blüten Pollen aus dem vorbeiwehenden Wind.

Zuckermais gehört zu den Gräsern. Im Garten baut man ihn normalerweise in Blöcken an. Jede Pflanze trägt einen, meist aber zwei Kolben. Zuckermais ist eine gute Möglichkeit, in kleinen Gärten und sogar in Kübeln Essbares anzubauen.

Eingewachsene Pflanzen sind erstaunlich pflegeleicht. Der Standort sollte windgeschützt sein, der Boden nährstoffreich und wasserdurchlässig.

Anbaukalender

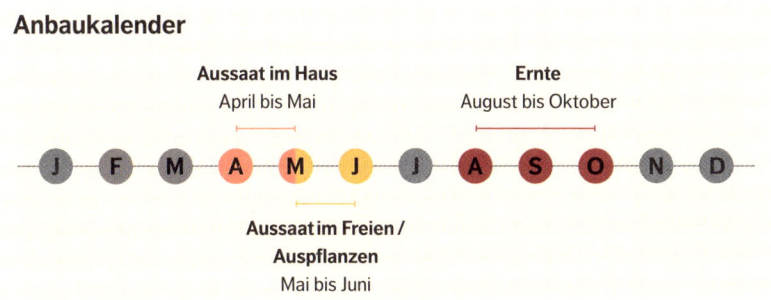

Aussaat im Haus
April bis Mai

Ernte
August bis Oktober

J F M A M J J A S O N D

Aussaat im Freien /
Auspflanzen
Mai bis Juni

Aussäen

Vorziehen

Auf dem späteren Standort im Garten eine Schicht abgelagerten Mist ausbringen.

Die Samen über Nacht einweichen. Einen oder zwei in 7-cm-Töpfe 2,5 cm tief in die Erde stecken. Praktisch sind Anzuchttöpfe aus Kokosfaser oder Zellulose, weil man sie mit den Pflanzen in den Boden setzen kann. Das schont die empfindlichen Wurzeln. Gießen und auf ein sonniges Fensterbrett oder in einen Frühbeetkasten stellen.

Nach drei Wochen mit einem organischen Volldünger versorgen. Wenn die Pflänzchen drei bis vier Blätter haben, härtet man sie ab.

Pflegen

Nach den letzten Frösten die Sämlinge an einen sonnigen und geschützten Platz setzen: 2,5 cm tief und mit 40 cm Abstand zwischen den Pflanzen. Man braucht mehrere, damit sie sich gegenseitig befruchten können.

Mulchen, um den Boden feucht zu halten. Große Pflanzen anbinden. Freiliegende Wurzeln mit Kompost oder Rasenschnitt mulchen.

Wenn die Pflanzen 15 cm groß sind, gibt man einen organischen Dünger, z. B. Blutmehl. Gießen ist an trockenen Tagen wichtig, sowie wenn die Pflanzen Blüten ansetzen und die Kolben dicker werden.

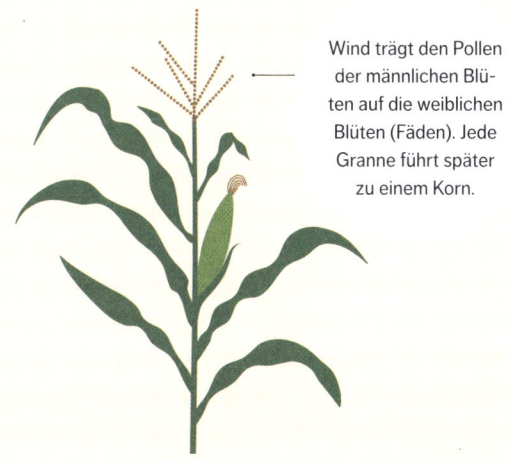

Wind trägt den Pollen der männlichen Blüten auf die weiblichen Blüten (Fäden). Jede Granne führt später zu einem Korn.

Öffnen sich die männlichen Blüten, rüttelt man an der Pflanze. So werden die weiblichen Blüten befruchtet.

Die weiblichen Blüten sind klebrig, um den Pollen festzuhalten. Dann werden sie braun.

Ernten

Ob die Maiskolben gepflückt werden können, kann man leicht herausfinden: Färben sich die Fäden am oberen Ende braun, öffnet man die Hüllblätter und drückt mit dem Fingernagel in die Körner. Kommt eine milchige Flüssigkeit heraus, ist der Kolben erntereif. Ist sie noch wässrig, ist es zu früh, ist sie wie eine Paste, ist die beste Zeit für die Ernte vorbei.

Essen and Lagern

Je frischer, desto besser. Sobald ein Kolben von der Pflanze geschnitten wurde, wandelt sich der enthaltene Zucker in Stärke und er verliert seine Süße. Wer ihn erst später essen möchte, kocht den Kolben etwa eine Minute und lagert ihn dann in Frischhaltefolie im Kühlschrank. Die Körner kann man in Bratlinge oder Eintöpfe mischen.

Hülsen-
früchte

SAATGUT
Keimfähig: 4 Jahre
Keimdauer: 7–10 Tage

IM TOPF
'Hangdown' kann gut im
Kübel angebaut werden.

GUTE BEETPARTNER
Einjähriges Bohnenkraut,
Kartoffel, Zuckermais

Dicke Bohne

Vicia faba

Auch als Saubohne, Puffbohne oder Ackerbohne bekannt, enthält die Dicke Bohne wie alle Leguminosen viele Proteine. Man isst die Kerne sowie die jungen Hülsen.

Dicke Bohnen sind Gute-Laune-Macher. Sie regen das Gehirn an, Dopamin zu produzieren, das als »Glückshormon« bekannt ist.

Auch für den Boden sind sie anregend. Als Gründüngung (S. 38) reichern sie ihn mit Stickstoff an, was gesunde, kräftige Pflanzen wachsen lässt. Dafür schneidet man den Stängel nach der Ernte über dem Boden ab und belässt die Wurzel.

Die Hülsen sehen von außen bei allen Sorten gleich aus. Die einzelnen Bohnen können rund oder nierenförmig, weiß, grün oder rot sein.

Anbaukalender

Aussaat
Februar bis April

Ernte
Juni bis August

GROSS
Lange und schmale
Hülsen mit 8–10
nierenförmigen
Bohnen, z. B.
'Imperial Green'.

MITTEL
Kürzer und dicker,
mit 3–5 Bohnen
pro Hülse, z. B.
'Hangdown'.

KLEIN
Die Pflanzen bilden
kurze Hülsen und
werden nur 40 cm
hoch. Gut für Kübel,
z. B. 'Oscar'.

Aussäen

Direktsaat

Auf einer geschützten Fläche mit durchlässigem Boden etwas
Kompost einarbeiten. Die Pflanzen brauchen keine eigene
Düngung. Ausgesät wird 4 cm tief. Zwischen den Pflanzen lässt
man 20 cm Platz und zwischen den Reihen 50 cm. Am besten
richtet man sich nach den Angaben auf der Packung, da die
verschiedenen Sorten unterschiedliche Ansprüche haben.

Pflegen

Zeigen sich die ersten Blüten, brauchen
die Pflanzen viel Feuchtigkeit. Sind dann
Hülsen zu sehen, muss noch mehr gegossen werden. Regelmäßiges Hacken, um
das Unkraut fernzuhalten, ist ebenfalls
wichtig. Hoch wachsende Sorten müssen
eventuell angebunden werden.

$\rightarrow$ Know-how: Schwarze Bohnenlaus

Sobald die ersten Bohnen in den Hülsen erkennbar sind, knipst man die Triebspitzen der Pflanzen ab. Diese sind bei der Schwarzen Bohnenlaus sehr beliebt. Natürliche Gegenspieler sind Schwebfliegen und Marienkäfer. Sind die Pflanzen bereits befallen, kann man die Läuse zwischen den Fingern zerquetschen.

Ernten

Größer ist bei Bohnen nicht unbedingt besser, kleinere sind geschmackvoller. Sind die Hülsen 5–7,5 cm groß, kann man sie ganz verzehren. Sind die Bohnen so groß, dass die Hülsen sich ausbeulen und die Naht weiß oder grün ist (statt schwarz), sind die Kerne erntereif.

Wird die abgeerntete Pflanze untergegraben, gibt sie den gespeicherten Stickstoff an den Boden ab.

Man schneidet die Hülsen mit einem Messer oder einer Gartenschere von der Pflanze. Sind alle abgeerntet, lässt man die Pflanzen als Gründünger auf dem Beet: Sie werden nur heruntergeschnitten.

Essen

Je frischer, desto leckerer … Junge Blätter sind ebenfalls essbar und sehr nahrhaft. Gekocht erinnert ihr Geschmack an Spinat.

Lagern

Die Bohnen können drei Tage in den Hülsen bleiben, im Kühlschrank etwas länger. Geschälte Bohnen kann man blanchieren und einfrieren.

SAATGUT
Keimfähig: 4 Jahre
Keimdauer: 7–14 Tage

IM TOPF
Rankende Sorten
kann man im Topf
am Tipi ziehen.

GUTE BEETPARTNER
Kapuzinerkresse, Rote
Bete, Gurken. Nicht nach
Leguminosen pflanzen.

Buschbohne / Stangenbohne

Phaseolus vulgaris

Sie gehören ebenfalls zu den Hülsenfrüchten oder *Leguminosen* und sind einjährige, frostempfindliche Pflanzen, die fast in jedem Klima zuverlässig wachsen. Als Selbstbefruchter bilden sie zahlreiche Blüten und Bohnen, sodass eine gute Ernte so gut wie sicher ist.

Auch diese Bohnenart ist als Gründüngung geeignet. Die Pflanzen unterdrücken Unkräuter, verbessern die Bodenfruchtbarkeit und verhindern die Abtragung des Bodens (S. 38).

Sorten

Grüne Bohnen wachsen je nach Sorte rankend (Stangenbohnen) oder buschig (Buschbohnen). Die Hülsen sind unterschiedlich groß und können rund oder flach sein. 'Brown Dutch' ist gut zum Trocknen geeignet, 'Chevrier Vert' hat hellgrüne Kerne und passt gut zu mediterranen Gerichten.

Anbaukalender

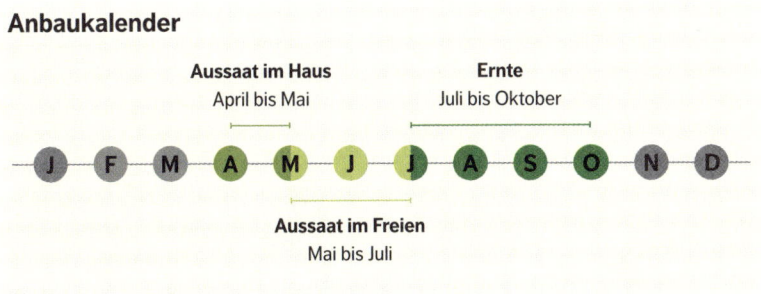

Aussaat im Haus
April bis Mai

Ernte
Juli bis Oktober

J F M A M J J A S O N D

Aussaat im Freien
Mai bis Juli

Aussäen

Vorziehen

Die Grünen Bohnen vorkeimen lassen (s. gegenüberliegende Seite). In Aussaatschalen oder -töpfen aussäen und an einen sonnigen Platz stellen. Abhärten. Sind die Pflänzchen 5 cm groß und keine Fröste mehr zu erwarten, können sie ins Freie.

Direktsaat

Benötigt wird eine sonnige, geschützte Fläche mit gutem Boden, an dem zwei Wochen vorher organischer Dünger ausgebracht wurde. Zeit: April (mit Pflanzglocke), besser Mai.

Buschbohnen: 5 cm tief und mit 20 cm Abstand säen, Stangenbohnen je zwei Samen 5 cm tief und mit 40 cm Abstand. Reihenabstand bei beiden 60 cm. Oder man lässt sie eine Tipi-Konstruktion beranken (S. 123). Die Aussaat in zwei Sätzen mit drei Wochen Abstand sorgt für längere Erntezeit.

Pflegen

Schnecken und Unkraut fernhalten. Um die Basis mit Kompost mulchen. Die Erde soll nicht austrocknen, vor allem wenn die Pflanzen Blüten ansetzen. Buschbohnen kann man mit Stäben abstützen, Stangenbohnen brauchen eine stabile Konstruktion (S. 122–123).

Die Pflanzen sind anfällig für Schnecken, Schwarze Bohnenlaus und Spinnmilben (S. 195).

Ernten

Grüne Bohnen sind je nach Sorte nach 6–12 Wochen erntereif (Stangenbohnen brauchen länger als Buschbohnen), wenn die Hülsen sich leicht abknipsen lassen. Durch das Ernten wird neuer Fruchtansatz gefördert.

Es gibt Sorten mit gelben, marmorierten, roten, violetten oder grünen Hülsen.

(→) Know-how: grüne Bohnen vorkeimen

Die Samen auf ein Stück feuchtes Küchenpapier legen und feucht halten. Wenn sich Keimlinge zeigen, legt man die Samen in Töpfe oder ins Beet.

Essen

Frisch gegessen werden die Kerne mit den Hülsen. Die hellgrünen nierenförmigen Kerne der Flageolet-Bohnen mit mildem Geschmack sind getrocknet erhältlich. Bohnen mit weißen Kernen sind ideal für Suppen oder Eintöpfe. Grüne Bohnen sollten nach dem Ernten schnell verarbeitet werden. Sie passen gut zu Kartoffeln oder Gemüse-Currys oder können zu Chutneys verarbeitet werden.

Lagern

Waschen, schneiden, blanchieren, einfrieren – so sind sie einige Monate haltbar.

Rankgerüst für Stangenbohnen

Stangenbohnen und Erbsen brauchen eine Rankhilfe. Die kleinen Keimlinge entwickeln lange Ranken mit Blättern und Hülsen. Das Gerüst sollte so stabil sein, dass es die Pflanze trägt und bei Wind nicht umkippt.

Warum stützt man die Pflanzen?

Rankhilfen führen zu reicherer Ernte, die noch dazu leichter gepflückt werden kann. Die Pflanze bekommt mehr Licht und Luft. Außerdem spart das vertikale Gärtnern Platz.

Kletterpflanzen kann man an Tipi-Konstruktionen emporwachsen lassen. Geeignet sind Bambusstäbe, da sie gerade und langlebig sind. Nachhaltiger sind Haselnuss-, Hartriegel- oder Weidenäste, die beim Baumschnitt angefallen sind. Erbsen und Bohnen brauchen das Gerüst, sobald sich die ersten Ranken bilden. Diese sind spiralig gewundene Triebe, mit denen sie sich festhalten und in die Höhe ziehen. Pro Stab setzt man zwei Pflanzen.

Das Indianerbeet

Die Anbaumethode stammt aus Südamerika. Dabei werden Mais, Kürbis und Bohnen zusammengepflanzt. Sie unterstützen sich gegenseitig beim Wachsen: Die Maispflanze dient der Bohne als lebende Rankhilfe, die Bohne hält den Boden fruchtbar und der Kürbis ist eine lebende Mulchschicht, die Unkräuter unterdrückt und die Feuchtigkeit im Boden hält.

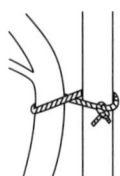

Pflanzen anbinden

Beim Anbinden von Pflanzen muss man vorsichtig sein: Sitzt die Schnur zu eng, wird der Stängel verletzt. Um dies zu verhindern, bindet man die Schnur fest an die Rankhilfe, aber nur locker um die Pflanze. Die Schnur bildet dabei eine Acht. Nun hat die Pflanze Halt, aber auch Freiraum.

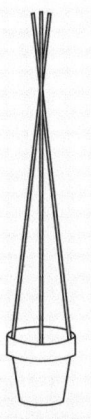

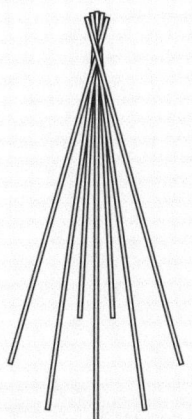

Einfaches Tipi: wenn nur wenig Platz ist. Dafür drei Stangen mit 2,5 m Länge am oberen Ende mit einer Schnur zusammenbinden.

Großes Tipi: Stangen von 2,5 m Länge mit 15 cm Abstand in die Erde stecken und kegelförmig zusammenbinden.

Rankgerüst aus Felgen: Schnüre in die Speichen- löcher zweier Felgen knoten. Eine davon im Mittelpunkt auf eine Stange stecken.

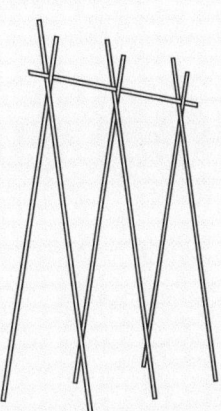

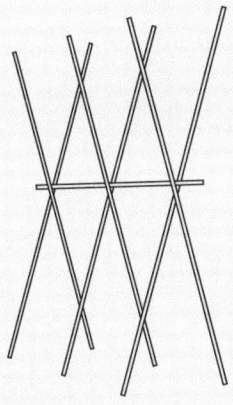

Doppelreihe: 2,5 m lange Stangen in zwei Reihen in die Erde stecken und sich kreuzen lassen. Zum Stabilisieren einen Stab waa- gerecht darauflegen und befestigen.

Das »X«: 2,5 m lange Stangen kreuzen lassen und auf der Hälfte mit einer hori- zontalen Stange stabilisieren. So haben die Pflanzen mehr Luft und Platz, außerdem kann man sie besser sehen und ernten.

SAATGUT
Keimfähig: 4 Jahre
Keimdauer: 7–14 Tage

IM TOPF
Wer wenig Platz hat,
nimmt Zwergsorten.

GUTE BEETPARTNER
Knollensellerie, Blumen-
kohl, Möhren, Gurken und
Salat. Nicht mit Zwiebel,
Erbsen und Fenchel.

Feuerbohne
Phaseolus coccineus

Als Feuer-, Prunk- oder Käferbohnen bekannt sind
diese Kletterpflanzen. Man baut sie wegen ihrer
essbaren Samen und Hülsen an.

Mit ihren Trieben winden sich die frostempfind-
lichen Pflanzen um Stäbe, Netze oder Schnüre.
Feuerbohnen sind dankbare Pflanzen: Sie bringen
reiche Ernte und ihre hübschen, nektarreichen
Blüten ziehen Bienen und Schmetterlinge an.

Der Boden wird früh im Jahr vorbereitet. Für den
Aufbau der Rankgerüste ist drumherum etwas
Platz nötig. Auch der Anbau im Kübel ist möglich.
Das Pflanzgefäß muss allerdings so groß sein,
dass auch ein Rankgerüst darin Platz hat (S. 123).
Oder man baut Zwergsorten an, die keine Rank-
hilfe benötigen. Wahrscheinlich wird man den
ganzen Sommer gießen müssen. Vor allem wenn
die Pflanzen Blüten bilden, brauchen Bohnen viel
Wasser. Sobald die Hülsen reif sind, besteht die
Hauptarbeit darin, laufend zu ernten.

Anbaukalender

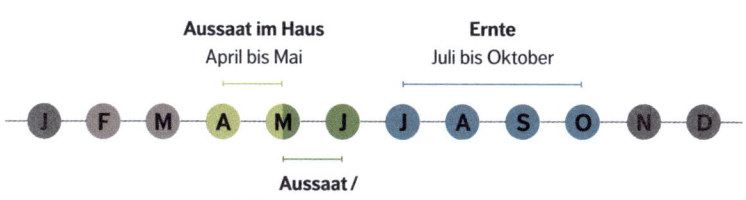

Aussaat im Haus
April bis Mai

Ernte
Juli bis Oktober

**Aussaat /
Pflanzung draußen**
Mai bis Juni

Sorten

'Polestar' ist zart, schmackhaft und lässt sich gut einfrieren. 'Riesen' bildet große Hülsen. 'Rotblühende' bringt gute Ernte. 'Mergoles' blüht weiß, 'Sunset' lachsfarben. Zu den Zwergsorten zählen 'Hestia', die buschig wächst, und 'Pickwick'.

Aussäen

Vorziehen

Bohnen brauchen guten Boden. Man bereitet die Fläche im Herbst mit abgelagertem Mist oder Kompost vor.

Die Samen etwa 5 cm tief in kleine Töpfe legen. Sie brauchen etwa 10 Tage zur Keimung. Sind die Pflanzen kräftig genug und sind keine Spätfröste mehr zu erwarten, härtet man sie ab und pflanzt sie ins Freie. Kletternde Sorten setzt man in zwei Reihen mit 80 cm Abstand. In der Reihe lässt man zwischen den Stäben 15 cm Platz. Oder rund um ein Stangen-Tipi (S. 123) pflanzen.

Direktsaat

Für kletternde Sorten erst das Tipi (S. 123) bauen, dann die Samen legen. An jede Stange zwei Bohnen 5 cm tief und mit 15 cm Abstand in den Boden legen. Oder die Pflanzen vor eine Mauer setzen und ein Netz als Rankhilfe spannen.

Pflegen

Die schwächere der beiden Pflanzen entfernen und die Bohnen vor Schnecken schützen. Die ersten Triebe lose an die Stäbe binden. Sobald sie die Rankhilfe gefunden haben, winden sie sich selbstständig daran nach oben.

Nach dem Auspflanzen mulchen und den Boden feucht halten. Vor allem wenn sie Blüten und Hülsen bilden, sollten die Bohnen regelmäßig gegossen werden. Die ersten Blüten zeigen sich etwa sechs Wochen nach der Aussaat.

Ernten

Sind die Pflanzen so hoch wie die Stangen, die Triebspitze herausknipsen. Etwa 13 Wochen nach der Aussaat sind sie erntereif.

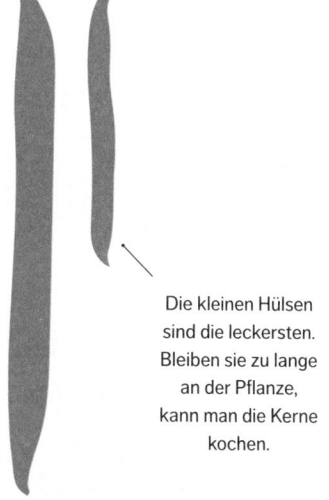

Geerntet werden Hülsen, die etwa 20 cm lang sind. Je größer sie werden, desto härter sind sie. Das Pflücken regt die Pflanze an, neue Bohnen zu bilden. Drei Monate lang kann man an einer Pflanze ernten. Danach bleiben die Wurzeln im Boden, das verbessert die Bodenfruchtbarkeit (S. 38–39).

Die kleinen Hülsen sind die leckersten. Bleiben sie zu lange an der Pflanze, kann man die Kerne kochen.

Essen & Lagern

Feuerbohnen sind produktive Pflanzen. Die Hülsen halten im Kühlschrank etwa fünf Tage. Zum Einfrieren klein schneiden und blanchieren. Sie halten dann 3–6 Monate. Oder man macht Freunden damit eine Freude!

Wenn die Ernte sehr üppig ist, kann man die Bohnen trocknen. Dafür die Bohnen an der Pflanze ausreifen lassen, die Kerne aus den Hülsen lösen und an einem warmen, gut belüfteten Platz trocknen. In einem luftdichten Behälter aufbewahren und für Suppen oder Eintöpfe verwenden.

SAATGUT
Keimfähig: 4 Jahre
Keimdauer: 7–10 Tage

IM TOPF
Die Sorte 'Dwarf Gray Sugar' bleibt klein, ideal für Töpfe.

GUTE BEETPARTNER
Rübe, Kohl-Arten, Möhren und Radieschen

Erbse

Pisum sativum

Mit ihren süßen, frischen Samen und den knackigen Hülsen sind Erbsen eins der besten Sommergemüse. Man kann sie in drei Stadien ernten: als Kaiserschote (Hülse mit Erbsenansätzen), Zuckerschote (Hülse mit kleinen Erbsen) oder als »normale« Erbsen, gegessen werden dann nicht die Hülsen, sondern nur die Kerne.

Es lohnt sich aber auch, die Pflanzen wegen ihrer zarten, lavendel- oder pinkfarbenen, violetten oder bläulichen Blüten anzubauen.

Wer Erbsen ernten möchte, muss fleißig gießen. Nur wenn der Boden feucht ist, werden die Hülsen dick. Das Erbsenbeet sollte also laufend kontrolliert werden und immer gemulcht sein.

Die Pflanzen können bis zu 3 m hoch werden. Für den Anbau im Kübel gibt es klein bleibende Sorten.

Anbaukalender

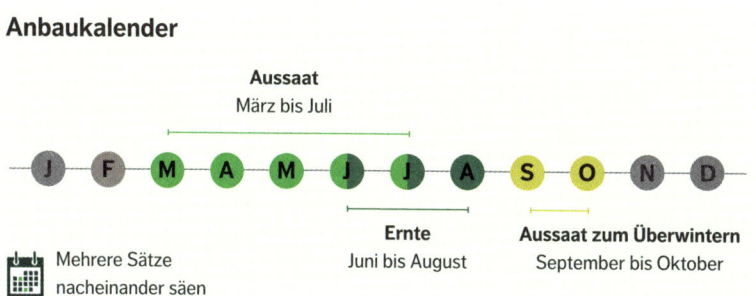

Aussaat
März bis Juli

J F M A M J J A S O N D

Ernte
Juni bis August

Aussaat zum Überwintern
September bis Oktober

Mehrere Sätze nacheinander säen

129

KAISERSCHOTEN
Flache Hülsen, können ganz gegessen werden. 7,5 cm lang ernten.

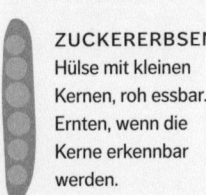

ZUCKERERBSEN
Hülse mit kleinen Kernen, roh essbar. Ernten, wenn die Kerne erkennbar werden.

MARKERBSEN
Gegessen werden nur die Samen. Hülsen ergeben guten Kompost.

Aussäen

Im Topf

Geeignet sind Zwergsorten wie 'Lancet'. Einen 45-cm-Topf bis etwa 5 cm unter den Rand mit Erde füllen und die Rankhilfen hineinstecken. An jeden Stab einen Samen legen und 4 cm dick mit Erde bedecken. Gut angießen. Pflanzglocken beschleunigen die Keimung. Sind die Pflanzen 10–12 cm groß, die Pflanzglocken abnehmen und den Kübel an einen sonnigen Platz stellen.

Im Beet

Einige Wochen vor der Aussaat Kompost im Beet verteilen. Erbsen brauchen keinen weiteren Dünger.

Die Pflanzen vertragen Hitze nur schlecht, die Samen mögen keinen kühlen oder zu nassen Boden. Eventuell Pflanzglocken aufstellen oder warten, bis es wärmer wird.

Von März bis Juli (Zuckererbsen bis Mitte Juli) an einem warmen, trockenen Tag in Reihen aussäen. Zwischen den Reihen 60–90 cm Platz lassen. Die Samen 4 cm tief und mit 5 cm Abstand legen. Die Samen bedecken und den Boden leicht andrücken. Mit einem Netz vor Vögeln schützen.

In klimamilden Lagen können im Frühherbst winterharte Sorten zum Überwintern gesät werden.

Pflegen

Bevor sich die ersten Ranken bilden, neben jeder Pflanze einen Ast in den Boden stecken. Sie wachsen daran in die Höhe und sind so besser vor Schnecken geschützt.

Einmal die Woche gießen, vor allem wenn die Pflanze Blüten bildet. Gemulcht wird, wenn die Erbsenpflanzen etwa 15 cm groß sind. Bei gutem Boden muss nicht gedüngt werden, sonst bilden die Pflanzen hauptsächlich Laub und wenig Hülsen.

Ernten

Gepflückt wird von unten nach oben. Damit die Pflanze nicht ausreißt, den Haupttrieb festhalten. Nach der Ernte kommen Laub und Triebe auf den Kompost, die Wurzel bleibt im Boden. *Pisum-sativum*-Pflanzen reichern den Boden mit Stickstoff an. Pflanzen, die anschließend auf diesem Beet wachsen, profitieren davon (S. 38–39).

Das Pflücken bringt die Pflanze dazu, neue Hülsen zu bilden.

Essen

BLÜTEN: Erbsenblüten sind essbar. Sie schmecken süßlich und nach Erbse. Die Triebe und Ranken sind ebenfalls essbar. Nicht mit Wicken (*Lathyrus odoratus*) verwechseln, die man als Zierpflanzen anbaut. Sie sind giftig!

Lagern

Nach der Ernte wandelt sich der Zucker in Stärke und der Geschmack lässt nach. Möglichst schnell nach der Ernte zubereiten oder einfrieren.

Spargelerbse

Tetragonolobus purpureus

SAATGUT
Keimfähig: 2 Jahre
Keimdauer: 7–14 Tage

ANBAUZEIT
Aussaat: April bis Mai
Ernte: Juni bis September

Spargelerbsen wachsen als kleine, buschige Pflanzen. Ihre Hülsen schmecken nach Spargel, aber sie brauchen weniger Platz im Beet. Mit ihren langen Trieben und gelben oder roten Blüten sind sie auch als Bepflanzung für Kübel oder Hanging Baskets sowie zur Unterpflanzung von Obstbäumen gut geeignet. Spargelerbsen sind leicht anzubauen. Sie wachsen auch auf mittelmäßig fruchtbaren Böden und brauchen nicht allzuviel Wasser und Sonne. Auch als Bodendecker sind sie sehr attraktiv.

Aussäen

Vorziehen

Im Frühling in Anzuchterde in 7-cm-Töpfe oder Multitopfplatten säen. Bis zur Keimung auf ein sonniges Fensterbrett stellen. Vor dem Auspflanzen abhärten.

Pflegen

Nach den letzten Spätfrösten in fruchtbaren, geharkten, durchlässigen Boden an einem sonnigen Ort setzen. Zwischen den Pflanzen 30 cm, zwischen den Reihen 40–50 cm Platz lassen.

Eine Rankhilfe schützt die Kletterpflanzen vor Schnecken und verbessert die Luftzirkulation. An trockenen Tagen und nach der Blüte intensiv gießen. Unkrautfrei halten.

Ernten

Die Hülsen regelmäßig ernten, solange sie zart und nicht mehr als 3 cm lang sind. Ältere, reife Hülsen sind hart und faserig. Die Pflanzen nach der Ernte über dem Boden abschneiden und die Wurzeln als Gründüngung im Boden lassen (S. 38–39).

Essen

Die Hülsen an beiden Enden abschneiden und dampfgaren oder dünsten. In Stücke schneiden und in Salate, Pfannengerichte oder mit Erbsen zu Reisgerichten mischen. Auch Einlegen oder in Teig ausbacken ist möglich.

Lagern

Zum Lagern der Samen die Hülsen an der Pflanze trocknen lassen, nach dem Pflücken die Samen herauslösen und dunkel und luftdicht aufbewahren.

Lauch-gemüse

SAATGUT
Lagerfähig: 2 Jahre
Keimdauer: 7–12 Tage

ANBAUZEIT
Aussaat: März bis August.
Für lange Erntezeit alle drei
bis vier Wochen einen Satz
aussäen.

GUTE BEETPARTNER
Möhre hält die Zwiebel-
fliege fern. Nicht zu Erbse
und Bohne.

Bundzwiebel /
Winterzwiebel

Allium cepa, A. fistulosum

Auf nahezu jedem fruchtbaren Boden schnell wachsend. Sie brauchen wenig Platz, sodass man sie zwischen langsam wachsende Arten setzen kann.

Einige bilden kleine Zwiebeln aus (*Allium cepa*),
andere bleiben länglich (*Allium fistulosum*).

In mehreren kleinen Sätzen säen, so kann man von
Spätfrühling bis Herbst ernten. Nach fünf bis acht
Wochen sind die Zwiebeln erntereif.

Aussäen

Im Beet

Im Herbst die Beete mit gut verrottetem Mist vorbereiten. Beete glattrechen. Flach in Drill- oder Einzelsaat mit 2,5 cm Abstand aussäen. Abstand zwischen den Reihen: 20 cm.

Im Topf

In einem 20-cm-Topf mit 2 cm Abstand aussäen. Die Samen etwa 1 cm dick mit Erde abdecken. Feucht halten und den Topf an einen sonnigen Platz stellen.

→ Know-how: Nachwachsen lassen

Möchte man lange etwas von den Zwiebeln haben, schneidet man sie direkt über den Wurzeln ab und stellt sie in ein Glas Wasser. Nach einigen Tagen wächst das Laub nach.

Pflegen

Wenn die Keimlinge etwa 4 cm groß sind, auf 2,5–5 cm ausdünnen. Ist die Erde trocken, vorsichtig gießen. Unkräuter regelmäßig jäten.

Ernten

Haben die Pflanzen Bleistiftdicke erreicht, zieht man sie aus dem Boden. Je dicker sie werden, desto schärfer schmecken sie. Die nicht geernteten Pflanzen weiter feucht halten.

Essen

Mit Olivenöl bestreichen und auf den Grill legen. Die grünen Teile kann man braten oder in Gerichten mitkochen. Sehr lecker zu Knoblauch und Ingwer.

Porree / Lauch

Allium porrum

SAATGUT
Keimfähig: 2 Jahre
Keimdauer: 12–16 Tage

GUTE BEETPARTNER
Der Geruch von Möhren
hält Lauchmotten fern,
der Lauchgeruch die
Möhrenfliegen.

Das vitaminreiche Gemüse übersteht auch die kältesten Winter und schmeckt in den kalten Monaten sogar noch intensiver.

Die Stangen sind anspruchslos und kaum anfällig für Schädlinge und Krankheiten. Allerdings muss man sich ein wenig um sie kümmern.

Für die Keimung sind niedrige Temperaturen notwendig, daher früh im Jahr säen. Danach brauchen sie viel Sonne und einen nährstoffreichen, durchlässigen Boden.

Während der Wachstumsphase mehrmals anhäufeln. Die Stangen werden dann länger und heller.

Anbaukalender

Vorziehen
März bis April

Pflanzung
Juni bis Juli

Zweites Jahr

J F M A M J J A S O N D J F M

Direktsaat
April bis Mai

Ernte
September bis März

Sorten

'Freezo' und 'De Carentan 2' haben dicke, weiße Stangen, 'Blaugrüner Winter/ Atlanta' hervorragende, feine, lange weiße Stangen, die gut im Boden bleiben können.

Aussäen

Direktsaat

Man bereitet das Beet im Herbst mit Umgraben und Einarbei-ten von Kompost vor. Unter der leicht angedrückten Oberflä-che sollte die Erde locker sein. Reihenabstand: 30 cm.

Von April bis Mai in Reihen etwa 1 cm tief aussäen. Leicht mit Erde bedecken und angießen. Wenn die Keimlinge Laub bilden, auf 15 cm Abstand ausdünnen.

Pflegen

Mit Gemüseschutznetzen vor Schädlingen schützen. Unkraut regelmäßig jäten und an heißen Tagen gießen. Algenpräparate stärken die Pflanzen, sodass sie auch Hitzeperioden gut überstehen.

Know-how: Bleichen

Um möglichst viel von den zarten weißen Stangen zu bekommen, bleicht man Porree ab August. Dafür häufelt man mehrmals etwa 5 cm Erde um die Stan-gen, das Laub bleibt frei.

Ernten

Vom Herbst bis zum Frühling durch leichtes Lockern der Erde mit einer Grabegabel. Ohne das Lockern würden die Stangen abreißen. Man kann immer genau so viel ernten, wie man verbrauchen möchte, denn die Stangen können auch im Winter im Beet bleiben. Also nicht übermütig werden und alles auf einmal ernten!

Während der Wachstumsphase gut gießen, wenn trockene Perioden bevorstehen.

Know-how: Krankheiten

 Porreerost zeigt sich als orange, leicht erhabene Flecken oder Pusteln auf dem Laub. Man vermeidet ihn, indem man das Laub trocken hält und resistente Sorten verwendet.

Porree kann schossen, also frühzeitig Blüten ausbilden. Die Stangen wachsen dann nicht mehr weiter. Um dem entgegenzuwirken, ist die richtige Aussaatzeit wichtig. Auch durch Ernte im Frühjahr kann es vermieden werden.

Essen

Porree ist vielseitig verwendbar. Man kann ihn in Gemüsepfannen mischen und sogar roh essen. Die Sorten 'D'Elbeuf' mit dicken, mittellangen Stangen oder der milde 'Herbstriesen 2' sind delikat.

Lagern

Geerntete Stangen sind im Kühlschrank etwa eine Woche haltbar.

PFLANZGUT

Möglichst schnell pflanzen
Keimdauer: 14 Tage

IM TOPF

Funktioniert gut in 20 cm
breiten und tiefen Töpfen.

GUTE BEETPARTNER

Möhren, Tomaten und
Gurken. Hält Schädlinge
von Kopfsalat und
Kohl fern.

Knoblauch

Allium sativum

Knoblauch kann man sehr gut in Kübeln oder Pflanzkästen anbauen. Man kann Knollen aus dem Supermarkt verwenden, aber spezielles Pflanzgut ist robuster und daher besser geeignet.

Knoblauch wächst in leichten, durchlässigen Böden. Am besten im Herbst pflanzen, ein Kältereiz tut den Zehen gut. In das Beet vorher Kompost einarbeiten, die Erde ist dann lockerer.

Zum Stecken löst man die Zehen aus der Knolle und wählt die gesündesten aus. Aus jeder Zehe wird eine neue Knolle. Knoblauch braucht einen sonnigen Standort, an dem er mehrere Monate bleiben kann. Bei der Herbstpflanzung kann man im Juli ernten, bei der Frühjahrspflanzung im Juli / August. Um frische, junge Knollen samt Laub verwenden zu können, zieht man sie vor der Reife im Mai aus dem Boden.

Anbaukalender

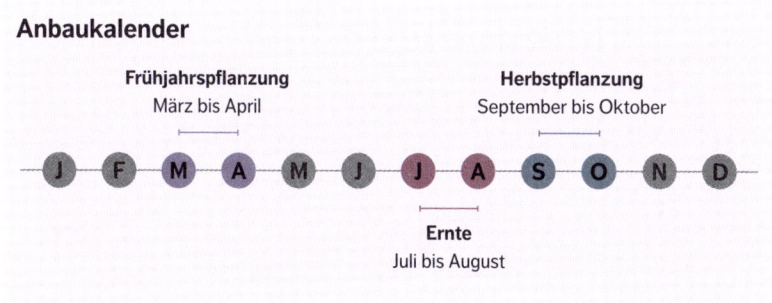

Frühjahrspflanzung
März bis April

Herbstpflanzung
September bis Oktober

J F M A M J J A S O N D

Ernte
Juli bis August

ECHTER KNOBLAUCH
Bildet keine Blüten aus, geeignet
für mildes Klima. Entwickelt
kleinere, dichtere Knollen. 'Mes-
sidor' wird wunderschön weiß,
die robuste Sorte 'Germidour'
schmeckt besonders mild.

SCHLANGENKNOBLAUCH
Bildet Blüten, die mit dem Stängel essbar sind, verträgt niedri-
gere Temperaturen. Entwickelt
weniger, aber größere Zehen.
'Rügen' ist besonders würzig,
'Rose de Lautrec' rosafarben.

Stecken

Im Beet
Je nach Sorte im Herbst oder Frühjahr stecken. Knoblauch
braucht einen sonnigen Standort mit durchlässigem Boden.

Die Zehen werden 5 cm tief in die Erde gesteckt. Das spitze
Ende zeigt nach oben. Zwischen den Pflanzen etwa 10 cm Abstand lassen,
zwischen den Reihen mindestens 20 cm. Beete im Herbst mulchen.

Ist der Boden im Herbst zu nass, kann man die Zehen vorziehen, im Frühjahr auspflanzen. 2,5 cm tief stecken, Töpfe an einen geschützen Platz im Freien stellen.

Im Topf
In einem 20 cm breiten und tiefen Pflanzgefäß haben etwa
sechs Zehen Platz. Den Topf an einem geschützten Platz im
Freien aufstellen und feucht halten.

Pflegen

Steht der Knoblauch in einer durchlässigen Erde, braucht er
nur wenig Aufmerksamkeit. Im Beet muss er nur dann gegossen
werden, wenn es lange Zeit trocken ist.

Unkräuter können Probleme bereiten. Regelmäßiges Jäten und
Mulchen hält sie im Zaum. Vögel vergreifen sich manchmal an
jungen Pflänzchen. Ein Vlies oder Netz schützt die Pflanzen.

Ernten

Färbt sich das Laub gelb, kann der Knoblauch geerntet werden. Wurde im Herbst gepflanzt, wird im Juli geerntet, bei der Pflanzung im Frühjahr etwas später. Die Knollen nicht herausziehen, sie reißen ab.

Beginnt das Laub abzusterben, lockert man die Knollen mit einer Grabegabel und zieht sie heraus.

Elefantenknoblauch
Allium ampeloprasum

Bildet faustgroße Zehen, die milder als der herkömmliche Knoblauch schmecken. Am besten im September oder Oktober an einen sonnigen, aber feuchten Platz stecken.

Im Juli, wenn die Blütenstiele 20 cm hoch sind und das Laub gelb wird, das Gießen einstellen. Nach einigen Tagen die Erde lockern, die Knollen herausziehen und abtrocknen lassen.

Essen

FRISCHER KNOBLAUCH: Vor der Reife, also etwa im Mai kann man frischen Knoblauch ernten. Er schmeckt nussig mild und kann roh oder gekocht verwendet werden. Das Laub ist gut geeignet für Pestos.

ELEFANTENKNOBLAUCH: Die riesigen Zehen können wie Spargel zubereitet oder geröstet werden. Zarte Blütenstiele kann man anbraten und Rührei damit verfeinern.

Lagern

Laub und Wurzeln entfernen und die Knollen an einem trockenen, kühlen und gut belüfteten Platz lagern. Geschält kann man sie einfrieren.

Wurzel- und Knollen- gemüse

Rote Bete

Beta vulgaris

SAATGUT
Keimfähig: 5 Jahre
Keimdauer: 8–12 Tage

IM TOPF
'Pablo' schmeckt schon
klein sehr lecker.

GUTE BEETPARTNER
Kohl-Arten, Knoblauch,
Möhre, Pastinake

Ein Nachkomme der im Mittelmeerraum heimischen Strandrübe. Rote Bete erlebt momentan ein kulinarisches Revival. Die Zeiten, in denen sie nur essiggetränkt serviert wurden, sind lange vorbei.

Inzwischen weiß man, dass das Gemüse voller wertvoller Nährstoffe steckt und wie gut es schmeckt. Es enthält Antioxidantien und schmeckt gebacken, gerieben, geröstet oder als Saft. Am leckersten sind Rote Bete jedoch roh.

Der Anbau ist am passenden Standort recht einfach: Die Pflanzen brauchen eine offene Fläche mit nährstoffreichem, lockerem Boden und viel Stickstoff.

Für die durchgängige Ernte mehrere Sätze einplanen. Rote Bete ist erntereif, wenn die Rüben etwa die Größe eines Golfballs haben.

Anbaukalender

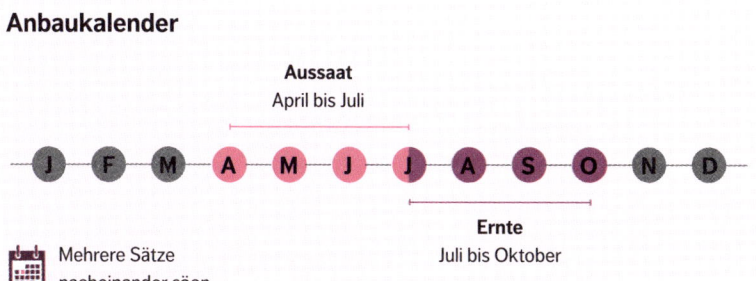

Aussaat
April bis Juli

Ernte
Juli bis Oktober

Mehrere Sätze
nacheinander säen

ROT
'Boltardy' hat eine weiche Schale, 'Detroit Dark Red' schmeckt besonders süß.

ROT UND WEISS
'Tondo di Chioggia' ist rot-weiß geringelt und mild im Geschmack.

WEISS
'Albina Vereduna' passt perfekt zu Fisch oder Geflügel und hat vitaminreiches Laub.

GELB-ORANGE
Die süßliche 'Burpee's Golden' ist leuchtend gelb und passt gut zu Salaten.

Aussäen

Im Topf

Für den Anbau im Topf oder Kübel eignen sich runde Sorten besser als solche mit länglichen Rüben. Einen 20 cm großen Topf bis 4 cm unter dem Rand mit Erde füllen und diese andrücken. Die Samen dünn verteilen, mit Erde abdecken und angießen. Sind die Pflänzchen 5 cm groß, auf 12 cm Abstand ausdünnen. Die Töpfe unkrautfrei und die Erde immer feucht halten.

Im Beet

Die Fläche einige Wochen vor der Aussaat von Unkräutern und Steinen befreien und etwas reifen Kompost ausbringen. Direkt vor der Aussaat wässern, 30 Minuten einziehen lassen. In Reihen je zwei Samen im Abstand von 10 cm legen.

Pflegen

Nur in sehr trockenen Phasen gießen. Sind die Pflänzchen 5 cm groß, das schwächere der beiden über dem Boden abknipsen und Salate damit dekorieren. Regelmäßig jäten. Zeigen sich die Kappen der Rüben über der Erde, mit Mulch abdecken.

Know-how: Wässern

Rote Bete verträgt trockenen Boden, aber extremer Wassermangel führt dazu, dass die Rüben sehr klein bleiben und holzig werden.

Ernten

Rote Bete können jung oder ausgewachsen geerntet werden. Abhängig von der Sorte ist das zwischen 8 und 13 Wochen nach der Aussaat. Je kleiner die Rüben, desto milder und süßer schmecken sie. Zum Ernten an den Blättern fassen und mit einer Handschaufel aus dem Boden lösen.

Um den ganzen Sommer zu ernten, sät man alle 2–3 Wochen einen neuen Satz.

Essen

Vor dem Kochen die Rüben waschen, aber nicht zerteilen. Der Geschmack geht dann verloren. Zum Braten nicht schälen. Oder roh in Scheiben oder gerieben essen.

Rote-Bete-Blätter sind schmackhaft und reich an Nährstoffen und werden viel zu oft weggeworfen. Stattdessen direkt nach der Ernte kurz über dem Ansatz abschneiden und gekocht oder gedämpft verzehren.

Lagern

Die Rüben können im Boden bleiben, bis man sie essen möchte. Allerdings werden sie manchmal holzig. Mit Stroh oder Pappe abgedeckt können manche Sorten bis in den Winter im Beet bleiben. Bei sehr niedrigen Temperaturen im Haus lagern. Das Laub hält einige Tage, wenn man es wäscht, trocknet und in einer Plastiktüte im Kühlschrank lagert.

Möhre

Daucus carota subsp. *sativus*

SAATGUT
Keimfähig: 2 Jahre
Keimdauer: 16–21 Tage

IM TOPF
'Early Nantes', 'Royal Chantenay' oder 'Parmex'

♡

GUTE BEETPARTNER
Bundzwiebel, Rosmarin, Salbei und Porree

Die Möhre ist ein Wurzelgemüse und verwandt mit Fenchel, Pastinake, Petersilie und Wilder Möhre.

Sie ist allgegenwärtig, braucht beim Anbau aber ein wenig Aufmerksamkeit: Sie keimt langsam und die Möhrenfliege (S. 155) kann eine komplette Ernte ruinieren.

Als Wurzelgemüse ist die Möhre auf guten Boden angewiesen. In steinigem Boden werden sie verkrüppelt oder verzweigt. Ein tiefgründig lockerer Boden ist vor allem beim Anbau von langen, schlanken Sorten wichtig. Mit kleineren Sorten kann man sein Glück auch in dichtem, steinigerem Boden versuchen.

Die Möhre kann man in kleinen und großen Gärten anbauen. Sie ist schnell erntereif und wird am besten in kleinen Sätzen ausgesät. Auch der Anbau im Topf oder Kübel ist möglich.

Anbaukalender

Aussaat
März bis Juli

J F M A M J J A S O N D

Ernte
Juni bis Oktober

 Mehrere Sätze nacheinander säen

PARISER MARKT
Klein, gut für schwere Böden und
Töpfe.

CHANTENAY
Eher dick, süßlicher Geschmack.
Wächst auch in steinigen Böden.

DANVERS
Kurz und dick, leuchtend orange.
Gut für Säfte.

NANTES
Lang, schmal und leicht anzubauen. Süß und knackig.

Aussäen

Im Topf
Ein mindestens 20 cm großes Pflanzgefäß mit einer Mischung
aus Kompost, Erde und Sand füllen. Die Samen dünn darauf
verteilen und leicht mit etwa 1 cm Erde bedecken.

Wenn nach etwa drei Wochen Blätter zu sehen sind, die schwächste von
jeweils vier Pflanzen herausziehen. So haben die übrigen ausreichend Platz
zum Wachsen. Der Abstand sollte etwa 5–7,5 cm sein. Die Erde feucht halten.

Im Beet
Frühe Sorten benötigen einen geschützten Platz, spätere eine
offene, sonnige Fläche. Möhren bevorzugen niedrige Temperaturen und natürliches Licht. Das Beet bereits im Herbst
mit reifem Kompost vorbereiten. Im März, sobald der Boden
abgetrocknet ist, das Beet von Unkraut befreien und Erdklumpen wegrechen.
Im Abstand von 20 cm flache, etwa 1 cm tiefe Rillen ziehen.

Die Samen mit Sand mischen und in einer dünnen Linie in die Rille streuen.
Leicht mit Erde bedecken, ohne die Samen zu stören. Mit einer feinen Brause
angießen, sodass die Samen nicht weggespült werden.

Pflegen

Sind die Pflänzchen groß genug, auf 7,5 cm Abstand ausdünnen. Ist der Boden trocken, gießen. Möhrenköpfe mit Erde bedecken, sie werden sonst grün.

→ Know-how: Möhrenfliege fernhalten

Der Duft beim Ausdünnen der Möhren zieht Möhrenfliegen an. Sie können ganze Ernten vernichten. Um dies zu vermeiden, im März / April oder im Frühsommer säen, am frühen Abend ausdünnen. Die herausgezogenen Pflänzchen entsorgen. Zwiebelduft vertreibt die Schädlinge. Einfach dazwischensäen.

Ernten

Frühe Sorten sind etwa neun Wochen nach der Aussaat erntereif. Lagermöhren brauchen bis zu fünf Monate.

Zum Ernten die Erde mit einer Handschaufel lockern und die Möhren senkrecht aus dem Boden ziehen. Geerntet wird, wenn die Möhren groß genug zum Essen sind. Bleiben sie länger im Boden, schmecken sie weniger intensiv.

Verwenden Sie das Möhrenlaub für Pesto.

Essen

Ungeschält enthalten sie mehr Vitamine und Mineralstoffe, geschält schmecken sie süßer. Mit Honig bestreichen und anbraten oder zu Bratlingen verarbeiten.

Lagern

Das Laub abdrehen, die Möhren aber nicht waschen. An einem kühlen, trockenen, frostfreien Ort halten sie bis zu vier Monate. Oder bei Bedarf frisch ernten.

Pastinake

Pastinaca sativa

SAATGUT
Keimfähig: 1 Jahr
Keimdauer: 10–21 Tage

GUTE BEETPARTNER
Knoblauch, Zwiebel,
Kartoffel, Radieschen

Pastinaken sind dicke, cremeweiße Pfahlwurzeln, die gekocht oder roh gegessen werden können.

Sind sie einmal angewachsen, ist der Rest des Anbaus entspannt. Sie wachsen in Halbschatten oder Sonne und sind frostfest. Durch Frost wird ihr Geschmack süßer und nussiger. Im Boden lassen und bei Bedarf frisch ernten.

Einige Vorbereitungen sind aber doch sinnvoll. Der Boden muss tiefgründig locker und frei von Steinen sein und die Samen im Haus vorkeimen. Das Beet von Anfang an unkrautfrei halten.

Pastinaken stehen 160–200 Tage auf dem Beet und sind daher eher für größere Gärten geeignet.

Anbaukalender

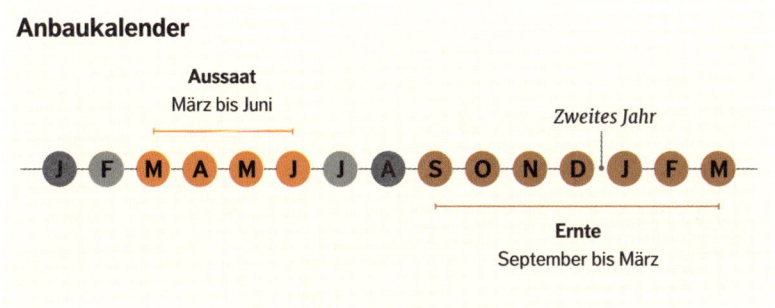

Aussaat
März bis Juni

Zweites Jahr

J F M A M J J A S O N D J F M

Ernte
September bis März

Sorten

Pastinaken gibt es in unterschiedlichen Formen: Einige Sorten werden eher rundlich, andere schlank oder spitzkegelig. Rundliche eignen sich, wenn der Platz begrenzt oder der Boden steinig ist. 'Halblange Weiße' ist die bekannteste Sorte, 'Tender & True' wird lang und dick, 'Aromata' lang und dünn. Inzwischen gibt es Sorten, die resistent gegen Kopffäule sind, dazu gehören 'Albion' und 'Javelin'.

Aussäen

Keimung

Frisch gekauftes oder im letzten Jahr geerntetes Saatgut verwenden. Für einen guten Start im Haus vorkeimen. Dafür die Samen 10 Tage vor dem Ausbringen der Saat auf ein feuchtes Küchenpapier legen und luftdicht verschließen. Bei Raumtemperatur lagern. Regelmäßig kontrollieren und das Papier immer feucht halten.

Direktsaat

Nicht zu früh im Freien säen. Der Anbau misslingt oft, weil die Pastinaken zu früh nach draußen gesetzt wurden. Ist der Boden so warm, dass man (am besten unbekleidet) gut darauf sitzen kann, ist es Zeit für die Aussaat.

Die vorgekeimten Samen in einen feuchten, tiefgründigen Boden ohne Steine säen. Alle 15 cm werden zwei Samen gelegt. Zwischen den Reihen lässt man 30 cm Platz.

Zu den Pastinaken gibt man einige Radieschen-Samen. Die Radieschen (S. 160–163) wachsen schneller und zeigen an, wo die Reihe ist. Das Hacken und Jäten geht dann einfacher.

Know-how: Kopffäule

Pastinakenkrebs oder Kopffäule ist eine Pilzkrankheit, die schwarze, später faulende Flecken hervorruft. Sie tritt vor allem im Herbst und Winter auf. Besten Schutz bieten resistente Sorten. Auch Einhalten der Fruchtfolge und spätes Aussäen sind sinnvoll. Weniger anfällig: kleinere Pastinaken.

Pflegen

Das schwächere der beiden Pflänzchen entfernen, wenn sie 2,5 cm groß sind. Die Keimlinge sind giftig, daher nicht verzehren. Das Beet unkrautfrei halten. Gegossen wird nur, wenn der Boden sehr trocken ist.

Ernten

Im Boden lassen, bis man sie verwenden möchte – idealerweise bis nach den ersten Frösten. Den Boden um die Wurzel mit einer Grabegabel lockern und wegschaufeln, bevor man sie herauszieht. Da das Laub im Winter abstirbt, die Reihen markieren.

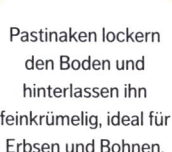

Pastinaken lockern den Boden und hinterlassen ihn feinkrümelig, ideal für Erbsen und Bohnen.

Essen & Lagern

Ungeschälte Pastinaken sind nahrhafter. Um sie von Erde zu befreien, die Schale abbürsten oder die Wurzeln sehr dünn schälen. Ausgefallen sind Pastinaken-Puffer. Rohe Pastinaken halten im Kühlschrank etwa zwei Wochen.

Radieschen

Raphanus sativus

SAATGUT
Keimfähig: 6 Jahre
Keimdauer: 4–8 Tage

IM TOPF
Viele Sorten, u. a. 'Pink
Beauty' sind gut geeignet.

GUTE BEETPARTNER
Kürbis, Bohne, Erbse, Salat,
Möhre, Kapuzinerkresse

Scharf und knackig, gehört zu den am schnellsten wachsenden Gemüsearten. Nach nur vier Wochen kann geerntet werden. Sie gedeihen in Sonne und Halbschatten und nehmen auch mit den Lücken zwischen anderen Kulturen vorlieb. Um den ganzen Sommer ernten zu können, im Frühjahr wöchentlich einen Satz säen.

Zum Sommerende ist der Anbau in schon einmal verwendeten Growbags möglich: eine lange Öffnung hineinschneiden und kurze Reihen säen.

Daikon-Rettich (auch Winter-Radieschen) wird im Spätsommer ausgesät. Der »größere Bruder« des Radieschens braucht einen leichten, krümeligen Boden und niedrige Temperaturen. Geeignet ist ein bereits abgeerntetes Kartoffelbeet.

Anbaukalender

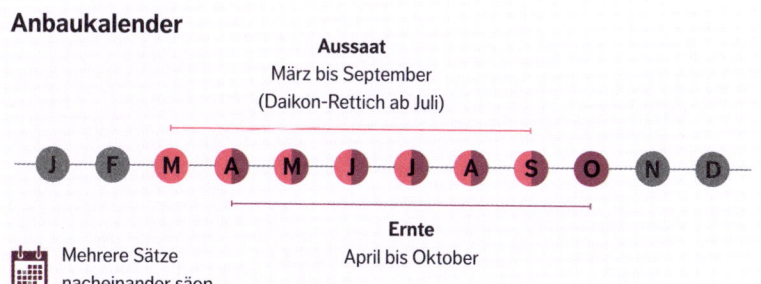

Aussaat
März bis September
(Daikon-Rettich ab Juli)

J F M A M J J A S O N D

Mehrere Sätze
nacheinander säen

Ernte
April bis Oktober

RADIESCHEN
Rund, oval oder läng-
lich, je nach Sorte
mit weißer Spitze.
'French Breakfast'
und 'Warta' sind
eher groß, 'Sparkler
White Top' und 'Pink
Beauty' kürzer.

DAIKON-RETTICH
Längere Wurzel. Zu
exotischen Gerichten
passt z. B. 'Red Meat',
der innen wie eine
Wassermelone
gefärbt ist.

SCHOTEN
Rattenschwanz-
Radieschen werden
hauptsächlich
wegen ihrer ess-
baren, scharfen
Schoten angebaut.

Aussäen

Im Topf
Einen 30-cm-Topf mit Abzugslöchern bis knapp unter den
Rand mit einer Universalerde füllen. Die Samen dünn darauf
verteilen und mit etwas Erde bedecken. Mit einer Gießkanne
mit feiner Tülle angießen und den Topf an einen sonnigen
Platz stellen.

Im Beet
Die Erde glattrechen und Unkräuter entfernen. Im Abstand
von 15 cm Rillen mit 1 cm Tiefe ziehen. Die Samen im Abstand
von 5 cm auslegen. Mit einer dünnen Schicht Erde bedecken
und leicht andrücken. Mit einer Gießkanne mit feiner Tülle
angießen.

Pflegen

Die Radieschen sollten nie ganz austrocknen. Vor
allem in Trockenperioden muss gegossen werden,
weil die Knollen sonst aufplatzen. Steht das Laub
dicht an dicht, stehen die Radieschen wahrscheinlich zu eng. In diesem Fall einige herauszuziehen,
sodass jeweils 2,5 cm Abstand ist (Daikon-Rettich
15 cm).

 ## Know-how: Untersaaten

Um die Beetfläche möglichst gut auszunutzen, sät man Radieschen zwischen Reihen anderer Gemüsearten wie Bohnen, Zwiebeln, Pastinaken, Möhren oder Kartoffeln. Sie sind auch als Markiersaat geeignet. Da sie schneller als die meisten Arten wachsen, erkennt man, wo die Gemüsereihe ist und wo gehackt werden kann.

Ernten

Radieschen sind je nach Aussaattermin in vier Wochen erntereif, längliche Sorten später. Junge Knollen schmecken am besten, ältere können hohl und holzig sein. Direkt vor dem Verzehr mit leichtem Drehen aus dem Boden ziehen.

Junge Blätter sind essbar und lecker würzig im Salat.

Essen

ROH: als knackiger Snack mit Meersalz, Brot und einem milden Bier, in Scheiben geschnitten in Salaten oder Relishes oder als Salat mit Möhre, Apfel, Rosine, Minze und Sesamsamen.

GERÖSTET: klein schneiden, mit Öl, Honig und Zitronensaft mischen und bei mittlerer Hitze 20 Minuten im Ofen rösten.

DAIKON-RETTICH: gewürfelt als Wokgemüse oder gerieben in Bratlingen. In Japan wird der Daikon-Rettich oft eingelegt serviert.

PFLANZGUT
Im Jahr des
Kaufs pflanzen.

IM TOPF
In großen, tiefen Kübeln
oder Pflanzsäcken gut
möglich.

GUTE BEETPARTNER
Bohne, Zuckermais, Kohl

Kartoffel

Solanum tuberosum

Von einer der wohl wichtigsten Feldfrüchte der
Welt gibt es unzählige Sorten. Frühe und mittelfrühe Sorten, auch Frühkartoffeln genannt, sind
eher klein und festkochend. Späte Sorten sind
größer, was dem Umstand geschuldet ist, dass
sie länger im Boden bleiben. Alle Sorten wachsen
besser, wenn man sie vorkeimt (S. 168).

Für den Anbau im Garten braucht man Pflanz-
kartoffeln, also Knollen, die extra für die Pflanzung
gezogen wurden. Kartoffeln wachsen in fast allen
Böden. Sie sind gut geeignet für neu angelegte
Beete, denn die Knollen lockern den Boden.

Der Anbau in großen Pflanzgefäßen ist möglich.
Man kann spezielle Pflanzkübel und -säcke kaufen
oder einen alten Eimer oder eine Badewanne
benutzen. Wichtig sind die Abzugslöcher im
Boden.

Anbaukalender

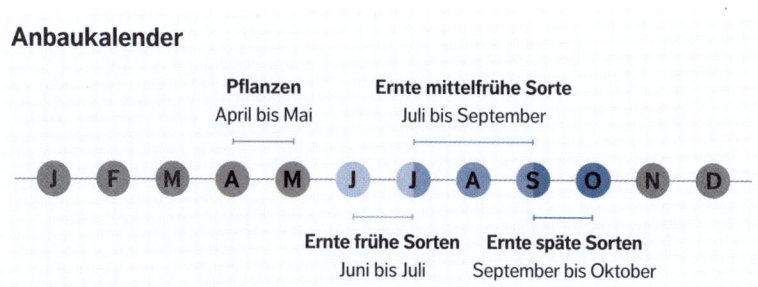

Sorten

Hat man sich entschieden, ob man die Kartoffeln früh oder spät ernten möchte, fällt die Entscheidung für die Sorten je nach Verwendungszweck. Mehlige Sorten eignen sich zum Pürieren, Braten oder Backen. Festkochende zum Kochen. Manche Sorten sind für alles gleich gut geeignet.

Pflanzzeit für Kartoffeln
Frühe: Ende April
Mittelfrühe: Ende April
Späte: Mai

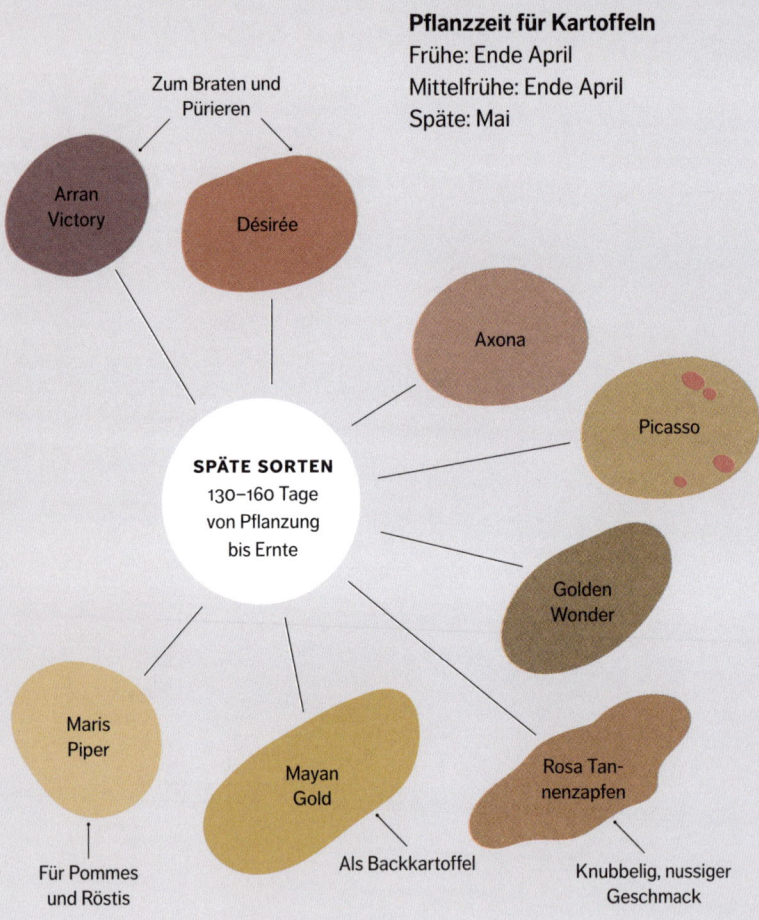

Zum Braten und Pürieren

Arran Victory

Désirée

Axona

Picasso

SPÄTE SORTEN
130–160 Tage von Pflanzung bis Ernte

Golden Wonder

Maris Piper

Mayan Gold

Rosa Tannenzapfen

Für Pommes und Röstis

Als Backkartoffel

Knubbelig, nussiger Geschmack

Für Kartoffelsalat ──→

Maris
Bard

Lady
Christl

Klassiker für
Kartoffelsalat

Pentland
Javelin

Belle de
Fontenay

FRÜHE SORTEN
90–110 Tage
von Pflanzung
bis Ernte

Roter
Erstling

Swift

Sharpe's
Express

Rocket

Sehr früh
(schnell
wachsend)

Zum Braten

Violetta

Für Pommes

Kestrel

Charlotte

**MITTELFRÜHE
SORTEN**
110–120 Tage
von Pflanzung
bis Ernte

Yukon
Gold

Maris Peer

Galactica

International
Kidney

Wilja

Für Pommes dauphine

Vorkeimen

Vor allem bei frühen Sorten ist das Vorkeimen wichtig. Man beginnt im März. Die Kartoffeln werden so in Eierkartons oder Aussaatschalen gelegt, dass das Ende mit den meisten Augen nach oben zeigt. An einen hellen, trockenen, frostfreien Platz ohne direktes Sonnenlicht stellen. Nach etwa vier Wochen sind die Augen gekeimt und die Kartoffeln können ins Beet gesetzt werden.

Pflegen

Im Beet oder Hochbeet

Ab Ende April an einem sonnigen Platz eine 15 cm breite Furche ziehen und die Knollen mit den Trieben nach oben hineinlegen. Eventuell mit Vlies abdecken.

Bei frühen Sorten einen Abstand von 30 cm zwischen den Knollen und 60 cm zwischen den Reihen lassen, bei mittelfrühen und späten 45 cm zwischen den Knollen, 75 cm zwischen den Reihen. Die Knollen mit Erde bedecken und gut angießen.

Im Pflanzsack oder Kübel

Das Pflanzgefäß 10 cm hoch mit Erde füllen, die Knollen darauf legen und noch einmal 10 cm hoch Erde darauf füllen. Wässern. Wenn die Triebe etwa 20 cm hoch sind, anhäufeln. So oft wiederholen, bis das Gefäß fast bis zum Rand gefüllt ist.

Know-how: Anhäufeln

Sind die Triebe etwa 20 cm hoch, deckt man den unteren Teil mit Erde ab. Am besten verwendet man dafür die Erde zwischen den Reihen. Das Anhäufeln führt zu einem höheren Ertrag. Außerdem bekommen die Kartoffeln kein Licht. Sie würden sonst grüne, unverträgliche Stellen entwickeln.

Know-how: Krautfäule

Die Krautfäule ist eine weitverbreitete Pilzkrankheit, die vor allem bei feuchtem Wetter auftritt. Dabei färben sich die Blattränder braun, das Laub stirbt ab. Befallene Triebe entfernen. Das Anhäufeln verhindert, dass die Braunfäule die Knollen befällt. Auch sollte man das Gießen von oben vermeiden.

Ernten

Frühe und mittelfrühe Sorten werden unmittelbar vor der Blüte aus dem Boden geholt. Späte Sorten, wenn das Laub gelb wird. Man schneidet es mit einem Messer ab, lässt die Knollen aber noch zehn Tage im Boden. Geerntet wird am besten an einem trockenen Tag. Man lässt die Knollen erst etwas trocknen und lagert sie dann ein.

Weder Pflanzen noch Knollen vertragen Frost.

Essen

Als Muffins, Suppe, Kartoffel- und Rosmarin-Focaccia – es gibt viel mehr Zubereitungsarten, als sie zu Brei zu stampfen.

Lagern

An einem kühlen, dunklen und gut belüfteten Ort lagern. Nicht zusammen mit Äpfeln, dadurch verringert sich die Lagerfähigkeit.

SPROSSSTECKLING
Süßkartoffeln zieht man aus
Sprossstecklingen.

TOP IM TOPF
Pro Topf (mind. 35 cm
tief) setzt man einen
Sprosssteckling.

BEETPARTNER
Pastinake, Rote Bete und
Kartoffeln

Süßkartoffel

Ipomoea batatas

Die auch als Batate bekannten Knollen sind fett-
arm und enthalten Kalium, Ballaststoffe und mehr
Vitamin C als normale Kartoffeln. Der Name ist
verwirrend, Süßkartoffeln sind nicht mit Kartoffeln
verwandt. Sie gehören zu den Windengewächsen
(Convolvulaceae).

Die Kletterpflanzen wurden ursprünglich in
wärmeren Regionen angebaut. Inzwischen gibt
es robustere Sorten. Wegen ihrer herzförmigen
Blätter und den Trichterblüten in Lavendel, Pink
oder Weiß werden Süßkartoffeln oft als Zierpflanzen angebaut.

Je nach Sorte sind die Knollen pastellig gefärbt
und eher mehlig bis hin zu solchen mit leuchtend
orangem Fruchtfleisch und süßem Geschmack.

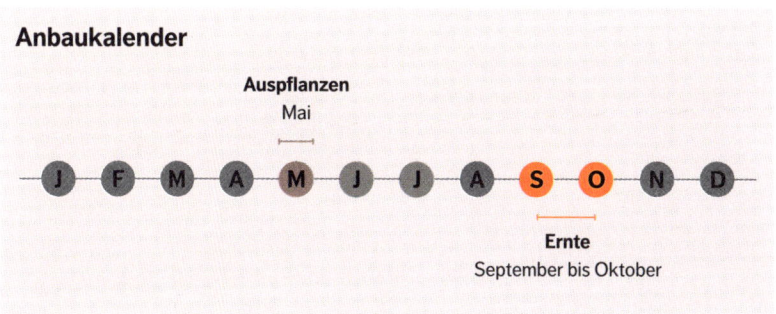

Anbaukalender

Auspflanzen
Mai

J F M A M J J A S O N D

Ernte
September bis Oktober

Sorten

Die Sorten sind innen und außen unterschiedlich gefärbt und haben verschiedene Formen und Größen. Welche man anbaut, hängt davon ab, wie viel Platz man hat. Einige bilden 3,5 m lange Triebe, andere wachsen kompakt und werden nur 1,5 m lang. Die vorgestellten Sorten sind alle kletternd.

SÜSSKARTOFFEL-SORTEN

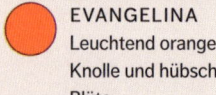 **EVANGELINA**
Leuchtend orange
Knolle und hübsche
Blüte

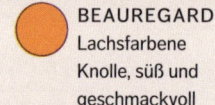 **BEAUREGARD**
Lachsfarbene
Knolle, süß und
geschmackvoll

 **MURASAKI**
Rote Schale und
cremeweißes
Inneres

Pflanzen

→ Know-how: Sprossstecklinge

Süßkartoffeln kann man aus Sprossstecklingen, also den langen Trieben der Pflanzknollen, anbauen. Wer diese per Post bestellt, packt sie nach dem Erhalt vorsichtig aus und stellt sie in ein Glas Wasser. Am nächsten Tag setzt man die Stecklinge bis zu den Blättern in einen tiefen, mit Erde gefüllten Topf. Mit einer durchsichtigen Plastiktüte abdecken und auf ein helles Fensterbrett stellen. Hält man die Erde feucht, beginnt die Pflanze zu wachsen.

→ Know-how: eigene Pflanzen ziehen

Sprossstecklinge aus gekauften Süßkartoffeln sind wenig Erfolg versprechend. Besser ist es, eine Knolle aus der eigenen Ernte aufzuheben, den Winter über zu lagern und im Frühjahr in Erde zu setzen.

Man pflanzt sie aufrecht. Ein Ende sollte aus der Erde schauen. Die Erde feucht halten und den Topf auf ein sonniges Fensterbrett stellen. Nach einigen Wochen zeigen sich »Augen«, aus denen Triebe wachsen. Sind diese 15 cm lang, verfährt man mit ihnen wie mit gekauften Sprossstecklingen.

Pflegen

Die Pflanzen brauchen einen hellen, frostfreien Platz im Gewächshaus oder auf dem Fensterbrett. Wenn im Mai / Juni der Boden warm ist, setzt man sie ins Beet oder in größere Kübel oder Growbags. Vor dem Auspflanzen abhärten. Sie brauchen einen Boden mit guter Wasserhaltefähigkeit ohne Staunässe und einen geschützten, aber sonnigen Platz. Eventuell erwärmt man den Boden, indem man schwarzes Unkrautvlies darauf legt. Es unterdrückt gleichzeitig Unkräuter.

Gepflanzt wird in Reihen mit 75 cm Abstand. Mit Pflanzglocken oder Vlies abdecken. Für den Anbau im Kübel wählt man den größten, den man bekommen kann: Dann haben die Knollen genug Platz und die Pflanze kann frei ranken.

Alle zwei Wochen wird mit Beinwelljauche gedüngt. Laufend wässern ist wichtig. Eine Rankhilfe für die langen Triebe ist ebenfalls sinnvoll.

Ernten

Die Knollen benötigen 4–5 Monate, bis sie erntereif sind. Beginnt das Laub abzusterben oder drohen Fröste, ist die Zeit für die Ernte gekommen. Dafür lockert man den Boden und zieht die Knollen vorsichtig heraus.

Essen

Die Erde abstreifen, aber die Schale nicht schrubben. In Japan wird aus Süßkartoffeln ein alkoholisches Getränk namens imō-jōchu hergestellt.

Lagern

7–10 Tage nachreifen lassen verbessert den Geschmack, lässt Verletzungen und Schnitte abtrocknen und verlängert die Lagerungsfähigkeit. Idealerweise lagert man die Knollen in einer Steige oder einer Kiste eine Woche an einem warmen Ort und das so, dass sie sich nicht berühren. Dann kühler lagern.

Kräuter und essbare Blüten

Kräuter anbauen

Es gibt viel mehr Kräuter als die, die man aus dem Supermarkt kennt. Experimentieren ist angesagt! Man pflanzt sie in Töpfe und erntet nach Bedarf Blätter und Zweige.

Schnittlauch
Allium spp.
Geerntet werden die Halme. Sie haben einen milden Zwiebelgeschmack, der wie die Blütenfarbe je nach Sorte variiert. Die Blüten sind dekorativ und ebenfalls essbar. In Salate oder auf Backkartoffeln schnippeln.

Kerbel
Anthriscus cerefolium
Die filigranen Blätter haben einen milden Anisgeschmack. Man erntet sie vor der Blüte, wobei man mit den äußeren beginnt. Kerbel passt gut zu Zucchini-Cremesuppen und ist sehr lecker zu Erbsen.

Estragon
Artemisia dracunculus
Hochwachsende, grüngraue Pflanze mit einem Aroma, das hervorragend zu Fisch und Huhn passt. Braucht Sonne und einen geschützten Standort. Mit den Blättern Essig aromatisieren oder sie mit Croutons anbraten.

Gewürzfenchel
Foeniculum vulgare
Mit dem Gemüsefenchel verwandt, wird aber wegen der aromatischen Samen angebaut. Man verwendet sie in Kuchen, Brot oder Kohlrouladen. Oder keimen lassen und in Salate mischen.

Currykraut

Helichrysum italicum

Wächst als kleiner, immergrüner Busch und ist bei Bienen und anderen nützlichen Insekten beliebt. Das duftende Laub passt gut zu Kräuterquark. Mitgekochte Zweige verleihen Gerichten einen sanften Currygeschmack.

Lorbeer

Laurus nobilis

Immergrüner Strauch mit glänzendem Laub. Braucht einen warmen Platz. Frische oder getrocknete Blätter zu Fleisch, Currys, Suppen und Eintöpfen geben. Wichtige Zutat für Spaghetti Bolognese und Boeuf Bourguignon.

Zitronenmelisse

Melissa officinalis

Wichtige Nahrungspflanze für viele Tiere. Die Blätter haben ein zitroniges Aroma. Man verwendet sie frisch zu Fisch, Fleisch und Käse oder beim Kuchenbacken.

Koriander

Coriandrum sativum

Ist schnell wachsend und braucht warmen, trockenen, leichten Boden. Die ganze Pflanze ist essbar, aber Blätter, die man vor der Blüte erntet, schmecken am intensivsten. In der asiatischen Küche werden Samen und Blätter für Currys verwendet.

Kräuter anbauen

Oregano
Origanum vulgare
Braucht Sandboden und trägt kleine, violette Blüten, die bei Schmetterlingen beliebt sind. Getrocknete Blätter schmecken intensiver als frische. Wird in der mediterranen Küche mit Tomaten, Lamm und Salaten verwendet.

Petersilie
Petroselinum crispum
Glatte Petersilie schmeckt frischer, krause süßlicher. Um die Keimung zu beschleunigen, weicht man die Samen in warmem Wasser ein. Regelmäßiger Schnitt fördert das Wachstum. Lecker in Kartoffelklößen oder in Saucen, Salaten und zu Käse.

Minze
Mentha spp.
Es gibt viele Arten mit unterschiedlichen Aromen. Da sie zum Wuchern neigt, am besten in Töpfe setzen. Apfelminze passt gut zu Lamm, Zaziki und Taboulé. Einfach zubereitet ist ein frischer Minztee. Orangenminze ist gut für Kräuteressig und -öl, Ingwerminze für Obstsalat.

Rosmarin
Rosmarinus officinalis
Sonnenliebender, mit etwas Schutz winterharter, immergrüner Strauch. Weiß blühende Sorten schmecken mit Lamm, 'Miss Jessup's Upright' in Tomatensaucen.

Know-how: Kräuter pflegen

Die meisten Kräuter kann man im Topf anbauen. Sie haben jedoch unterschiedliche Ansprüche an den Standort und nicht alle sind winterhart. Wählen Sie die aus, die am besten zu Ihren Wünschen und Gegebenheiten passen.

Salbei
Salvia officinalis
Winterharte, ausdauernde Pflanze, von der es auch Sorten mit buntem Laub gibt. Der intensive Geschmack der Blätter passt gut zu Kräuterfüllungen und Fleischgerichten. Fruchtiger schmeckende Sorten sind lecker in Obstsalaten.

Thymian
Thymus spp.
Gibt es in verschiedenen Wuchsformen mit unterschiedlichem Geschmack. Sehr gut zu lagern, da die Blätter das Aroma lange behalten. Zitronen-Thymian passt gut zu Fisch und Hühnchen, Kümmel-Thymian zu Rind.

Basilikum
Ocimum basilicum
Leicht anzubauen, und das Ausprobieren verschiedener Sorten macht Spaß. Braucht für die Keimung Wärme. Am besten auf der Fensterbank vorziehen. Zum Ernten oberhalb einer Blattachsel schneiden, die Pflanze treibt dann wieder aus. Frische Blätter verwendet man für Pesto oder Pizza. Thai-Basilikum oder Zimt-Basilikum sind lecker in Pfannengerichten und zu Reis.

Ganz schön lecker: essbare Blüten

Essbare Blüten verschönern jede Mahlzeit. Am intensivsten ist ihr Geschmack, wenn man sie am frühen Morgen, voll aufgeblüht pflückt und am selben Tag verwendet.

Ringelblume
Calendula officinalis
Entfernt man Verwelktes, blühen die Pflanzen länger. Die vitaminreichen Blütenblätter machen sich gut in Salaten, getrocknet verschönern sie Suppen und Kuchen.

Nelke und Bartnelke
Dianthus spp.
Duftende Sorten sind gut für Kuchen, pinke für Salate. Die Blütenblätter von Bartnelken kann man für Eis, Sorbet und Obstsalate nutzen. Als Schnittblumen lange haltbar.

Sonnenblume
Helianthus annuus
Direkt ins Beet oder in Töpfe säen. Knospen (wie Artischocken gekocht), Samen (frisch oder geröstet) und Blütenblätter (als Salatzutat) sind essbar.

Duftpelargonie
Pelargonium spp.
Kleine weiße, violette oder rosa Blüten, die nach Rose, Muskat oder Zitrone duften. Gut zum Aromatisieren von Sorbets und Eis. Die Blätter kann man für Blaubeer- oder Apfelkuchen verwenden.

Verwenden Sie nur Blüten, bei denen Sie sich ganz sicher sind, dass sie zum Verzehr geeignet sind. Essen Sie nur Pflanzen, die ohne Pflanzenschutzmittel gewachsen sind. Helle bzw. farblose Stellen an der Basis der Blütenblätter können bitter schmecken. Man erfernt sie besser. Am besten ein Kochbuch über Wildpflanzen zurate ziehen.

Kapuzinerkresse

Tropaeolum majus

Braucht Sonne und feuchten Boden. Die unreifen Samen werden wie Kapern eingelegt. Frische Blätter und Blüten sind scharf. Die Blüten kann man mit Frischkäse füllen oder mit den Blättern zusammen für Kräuterbutter verwenden.

Rose

Rosa spp.

Die Blütenblätter schmecken sehr fein und süß, kandiert sind sie eine schöne Dekoration für Gebäck. Aus den Hagebutten kann man Marmelade, Sirup und Tee herstellen.

Knollenbegonie

Begonia × tuberhybrida

Die zitronig schmeckenden Blütenblätter sind auf Sandwiches lecker. Für ein außergewöhnliches Geschmackserlebnis rührt man ganze Blüten in Joghurt. Nicht bei Gicht, Nierensteinen oder Rheuma verzehren.

Taglilie

Hemerocallis spp.

Leicht anzubauen, mögen aber keinen Schatten. Die Blüten kann man roh essen, sobald sie vollständig geöffnet sind. Die Wurzeln sind roh oder gekocht essbar. Essbar sind nur Taglilien (*Hemerocallis*). Andere Lilien sind giftig.

Ganz schön wild: essbare Unkräuter

Unkräuter können im Garten Chaos anrichten. Aber sie haben auch gute Seiten.

Löwenzahn
Taraxacum officinale
Nahrung für Schwebfliegen und andere Nützlinge. Die Blätter sind reich an Antioxidantien und Vitaminen. Blanchiert oder angebraten in Salate, Aufläufe oder Suppen geben. Aus den Blüten kann man Sirup machen.

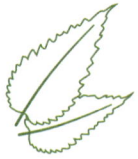

Brennnessel
Urtica dioica
Sehr wichtig für viele Tiere, vor allem Schmetterlinge. Man erntet junge Pflanzen im Frühling – Handschuhe nicht vergessen! Nach dem Kochen brennen sie nicht mehr. Gut für Kräuterquarks, Pestos oder Risotto sowie für Suppen, Liköre oder Limonaden.

Vogelmiere
Stellaria media
Durch Aussaat sehr ausbreitungsfreudig, dadurch aber auch ganzjährig verfügbar. Sehr nahrhaft. Die zarten Blätter kann man roh in Salate geben oder für Pakoras und Pestos verwenden. Mit gemahlenen Samen kann man Brot und Suppen andicken. Grundsätzlich als ungefährlich eingestuft. Trotzdem nicht in zu großen Mengen verzehren.

Wie bei allen in der Natur gesammelten Pflanzen, nur solche verwenden, die man sicher erkennt und die bedenkenlos essbar sind.

Knoblauchsrauke
Alliaria petiolata
Wächst an Hecken und Waldrändern. Die kleinen weißen Blüten locken Bestäuber an. Die Blätter schmecken nach Senf und Knoblauch. Anwelken lassen und Kartoffelsalat und Frittatas, Sandwiches und Salatsaucen damit verfeinern. Grundsätzlich als ungefährlich eingestuft. Trotzdem nicht in zu großen Mengen verzehren.

Giersch
Aegopodium podagraria
Wächst wuchernd in Hecken und Gärten. Junge Blätter verwenden, ihr Geschmack erinnert an Petersilie. Blanchieren oder mit Zwiebeln angebraten auf Quiches geben oder zu Kroketten verarbeiten.

Brunnenkresse
Nasturtium officinale
Wächst an Fließgewässern und kann das ganze Jahr geerntet werden. Sehr gesund durch hohen Eisengehalt. Blätter aus Wildsammlung vor dem Verwenden kochen. Ihr scharfer, würziger Geschmack passt gut zu Makrelen und Meerrettich.

Ganz schön spritzig: Cocktailkräuter

Auch Cocktail-Zutaten kann man selbst anbauen, und nach getaner Arbeit damit den Tag ausklingen lassen.

Minze
Mentha spp.
Alle Minze-Arten sind leicht anzubauen. Die Marokkanische Minze schmeckt etwas milder als Pfefferminze. Minze ist unverzichtbar für Mojitos oder Juleps.

Erdbeere
Fragaria × ananassa
Sie braucht Sonne, Schutz und fruchtbaren Boden. Großfrüchtige Sorten sind herrlich für Daiquiris, Walderdbeeren dagegen auf Eis lecker.

Cocktailgurke
Zehneria scabra
Exotische Pflanze, die in mildem Klima aber leicht anzubauen ist (S. 106–107). Sie hat einen zitronig-gurkigen Geschmack, der gut zu Gin Tonic oder Martini passt.

Borretsch
Borago officinalis
Bienenmagnet mit blauen Sternchenblüten, den man leicht aus Samen ziehen kann. Schön in Eiswürfeln. Klassische Deko für Pimm's, auch lecker mit Erdbeer-Cocktails.

Lavendel und Rosmarin
Lavandula angustifolia, Rosmarinus officinalis
Beide Kräuter passen sehr gut zu Gin, Rosmarin auch hervorragend in Sloe Gins. Lavendel sieht sehr schön als Dekoration für Sektflöten aus.

Know-how: Kräuter verwenden

Die Blätter nicht zerkleinern, dadurch würde der Cocktail bitter. Damit der frische Geschmack der Kräuter zum Tragen kommt, zerstößt man die Pflanzen. Dafür die Kräuter und alle Cocktailzutaten in ein leeres, dickwandiges Glas geben. Dann leicht drücken und drehen. Man braucht nicht unbedingt einen speziellen Cocktail-Stößel, der Griff eines Nudelholzes tut es auch.

 ### Basilikum
Ocimum basilicum
Braucht einen sonnigen, aber geschützten Platz und viel Dünger. Mit Zitrone lecker in Margaritas oder Tequila. Ausgefallener: mit Erdbeeren und Süßholz.

 ### Zitronenverbene
Aloysia citrodora
Wunderschöne Kübelpflanze, die möglichst sonnig stehen will und an einem frostfreien Platz überwintern sollte. Verleiht Sangrias oder Wodka-Cocktails ein süßlich-zitroniges Aroma.

 ### Koriander
Coriandrum sativum
Junge Blätter direkt vor dem Verwenden pflücken. Lecker für Mischungen mit Gin, Gurke, Limette, Ginger Ale und Eis.

 ### Dill
Anethum graveolens
Braucht viel Wasser. Sehr lecker in Kombination mit Grapefruit-Soda, weißem Tequila und Gurke.

Probleme lösen

Wenn im Garten alles wächst und gedeiht, tauchen leider manchmal auch ein paar Probleme auf: seien es lästige Unkräuter oder Pflanzen, die aus heiterem Himmel zu kümmern beginnen. Mit diesen Tipps können Sie viele dieser Ärgernisse schon im Keim ersticken.

Ungeliebte Unkräuter

Unkräuter konkurrieren gnadenlos mit anderen Pflanzen um Licht, Nährstoffe und Wasser. Sie überwuchern Beete und sind Wirtspflanzen für Krankheiten und Schädlinge. Seien Sie also vorbereitet: Lernen Sie, Unkräuter zu erkennen, und setzen Sie alles daran, sie schnellstmöglich loszuwerden.

Es lohnt sich, sich mit der Lebensweise von Unkräutern zu beschäftigen, denn diese bestimmt, wie man sie am besten los wird. Wie alle Pflanzen haben Unkräuter vier Lebensphasen: Keimung, Wachstum von Stängel, Wurzel und Blättern, Samenproduktion und Reife. Manche vollziehen diesen Kreislauf innerhalb eines Jahres, andere in zwei oder drei. Bei allen Unkräutern ist es sinnvoll, sie vor der Samenreife zu entfernen.

→ Know-how: Unkrautbekämpfungsmittel vermeiden

Auch wenn Unkräuter im Garten nerven, haben viele einen Nutzen. Sie dienen Vögeln sowie Bienen und anderen nützlichen Insekten als Nahrung.

Biogärtner verzichten auf den Einsatz von Chemie. Sie setzen auf mechanische Methoden und eine entsprechende Kulturführung. Die Fruchtfolge ist eine effektive, präventive Maßnahme. Indem verschiedene Arten nacheinander angebaut werden, kann kein Unkraut sich in Massen ausbreiten.

Neben dem Hacken und Jäten lästiger Pflanzen sind Gründüngung und Mulchen umweltschonende Maßnahmen.

Das Bedecken der Beete mit Unkrautvlies oder Pappe während der Gartensaison oder die No-dig-Methode sind andere Strategien. Auch das Abflammen ist eine ökologische Möglichkeit, Unkräuter zu bekämpfen.

Einjährige Unkräuter

Einjährige Unkräuter vermehren sich über Samen: Bekämpfen Sie sie also, bevor sie diese gebildet haben. Die meisten keimen im Frühjahr und produzieren im Sommer Samen. Überwinternde Einjährige keimen im Herbst und blühen und fruchten im Frühling oder Frühsommer.

Gewöhnliches Greiskraut
Senecio vulgaris
Bildet laufend Blüten und Samen. Überwuchert Aussaaten und verursacht bei Erbsen Wurzelfäule. Regelmäßiges Hacken alle 14 Tage ist sinnvoll.

Vogelmiere
Stellaria media
Wächst an kühlen, feuchten Standorten. Die Samen keimen das ganze Jahr und überstehen harten Frost. Vollständiges Untergraben ist die effektivste Bekämpfung. Buchfinken und einige Laufkäfer-Arten essen die Samen.

Hirtentäschelkraut
Capsella bursa-pastoris
Wächst an sonnigen und schattigen Standorten, üblicherweise von Mai bis Oktober. Eine Pflanze produziert etwa 4000 Samen. Zur Bekämpfung Blüte und Samenbildung durch Hacken verhindern.

Garten-Schaumkraut
Cardamine hirsuta
Wächst auf freien Flächen, in Mauerritzen und Töpfen. Es kann seine Samen extrem weit schleudern. Als kleine Pflanze entfernen.

Weitere einjährige Unkräuter: Gewöhnlicher Weißer Gänsefuß (*Chenopodium album*), Acker-Flügelknöterich (*Fallopia convolvulus*) und Einjähriges Rispengras (*Poa annua*).

Staudig wachsende Unkräuter

Diese Unkräuter vermehren sich vegetativ über Ausläufer, Rhizome oder Knollen. Sie zu kontrollieren ist aufwendig. Die No-dig-Methode ist auf großen Flächen effektiv. Man kann auch versuchen, die Pflanzen mit dicker Folie zu unterdrücken. Die Reste nie auf den Kompost werfen!

Quecke
Elymus repens
Das Gras bildet einen dichten Teppich, der andere Pflanzen unterdrückt. Es blüht von Mai bis September und verbreitet sich mit Rhizomen rasant schnell. Hat man es einmal im Boden, regelmäßig hacken und die Rhizome an der Luft austrocknen lassen. Die Samen brauchen Licht zur Keimung, eine Gründüngung verhindert das.

Krauser Ampfer
Rumex crispus
Ist von Frühling bis Herbst im Garten zu finden. Die Samen reifen aus kleinen, braunen Blüten, die im Sommer in Unmengen gebildet werden. Wächst manchmal nach dem Hacken weiter. Möglichst tief jäten, um die Pfahlwurzel zu entfernen, bevor sich Samen gebildet haben. Eine Gründüngung im Winter kann das Auflaufen der Samen verhindern.

Japanischer Flügelknöterich
Fallopia japonica
Dieses aggressive Unkraut überwuchert große Flächen und verdrängt mit dem dichten Blattwerk alle anderen Pflanzen. Der Knöterich wächst pro Tag 10 cm und kann selbst an kleinen, abgetrennten Stücken neue Wurzeln bilden, daher Pflanzenteile unbedingt entfernen. Ausgraben und regelmäßiges Herausreißen schwächt die Pflanze ein wenig.

Gewöhnliche Zaunwinde

Calystegia sepium

Bildet lange, kletternde Triebe, mit denen sie andere Pflanzen erwürgt. Sie blüht von Juni bis Oktober und bildet von September bis Oktober Samen. Zur Bekämpfung im Herbst und Winter Wurzelstöcke und -ausläufer, im Frühjahr neue Triebe herausreißen.

Weitere staudig wachsende Unkräuter: Giersch (*Aegopodium podagraria*), Acker-Schachtelhalm (*Equisetum arvense*), Brombeere (*Rubus fruticosus*) und Kriechender Hahnenfuß (*Ranunculus repens*).

Zweijährige Unkräuter

Diese Unkräuter brauchen zwei Jahre für die vollständige Entwicklung. Im ersten Jahr bildet die Pflanze Blätter, im zweiten entwickelt sie Blüten, Früchte und Samen. Am effektivsten bekämpft man sie als Sämlinge.

Kreuzblättrige Wolfsmilch

Euphorbia lathyris

Die Samen sind giftig, der milchige Saft kann Hautreizungen hervorrufen. Die Blüten sind gelb-grün und unauffällig. Die lange keimfähigen Samen werden durch Ameisen verbreitet. Mit Hacke oder Handgabel entfernen, bevor sich Samen gebildet haben.

 ## Know-how: »Falsches Saatbett«

Beim »Falschen Saatbett« bereitet man den Boden so sorgfältig vor, wie man es für das Bepflanzen oder die Aussaat der Gemüsepflanzen tun würde. Mit einem Rechen wird eine gleichmäßige, krümelige Oberfläche hergestellt, die aussieht wie ein Streuselkuchen. Die Unkräuter nutzen diese guten Bedingungen, beginnen zu keimen und können dann gehackt werden. Nach mehreren Durchgängen die Kulturpflanzen aussäen.

Schädlinge vermeiden

Schädlinge können Pflanzen den Garaus machen, gehören aber zum Gärtnern. Setzen Sie auf biologische Abwehr: Vögel, Insekten und Amphibien sind natürliche Feinde vieler Schädlinge und damit die besten Verbündeten des Gärtners.

Groß und lästig

Gehäuseschnecken

Die Kriechtiere zerfressen Blätter, Stängel, Blüten und Zwiebeln. Natürliche Feinde sind Kröten, für die man Erdlöcher anlegen kann, oder Igel, die in Laub- oder Totholzhaufen leben. Auch für viele Vogelarten sind diese Schnecken eine schmackhafte Mahlzeit.

Oder man setzt eine mit Bier gefüllte Plastikschüssel bis zum Rand in den Boden. Die Schnecken werden von dem Geruch angezogen und fallen in die Schüssel.

Nacktschnecken

Vor allem bei warmer, feuchter Witterung sind sie nachts auf Beutezug und hinterlassen dabei an den Pflanzen Löcher und Schleimspuren.

Natürliche Feinde sind Igel, Blindschleichen, Frösche und Kröten. Durch das Hacken im Winter werden die Schneckeneier freigelegt und von Vögeln verzehrt.

In einem schneckengeplagten Garten pflanzt man Sämlinge besser erst nach draußen, wenn sie zu kräftigen Pflänzchen herangewachsen sind, und schützt sie mit einem Pflanzkragen mit Kupferrand.

Tauben

Sie sind mehr als nervig und picken so viel Laub weg, dass nur noch Stängel und Blattnerven übrig bleiben. Vogelschutznetze halten sie von den Pflanzen fern. Eine günstige Möglichkeit ist es, mit Bambusstäben oder Zaunpfählen ein Netz aufzuspannen und es mit Draht am Boden zu befestigen.

Katzen

Sie nutzen den Gemüsegarten gerne als Toilette. Man merkt das an streng riechenden Hinterlassenschaften in den Beeten. Einen Versuch wert sind Netze und das Feuchthalten des Bodens, Katzen mögen die Nässe nicht. In unbepflanzte Flächen steckt man Stöckchen, sodass sie dort nicht mehr herumstreunen.

Ameisen

Ameisen verursachen im Garten wenig Schaden. Das größere Problem ist der Bund, den sie mit Blattläusen geschlossen haben. Die Ameisen beschützen die Blattläuse vor Jägern und tragen sie zu Wirtspflanzen. Dafür bekommen sie den Honigtau, den die Blattläuse ausscheiden.

Ameisenvölker lässt man am besten in Ruhe, denn ein zerstörtes Nest wird schnell wieder von einem neuen Volk besiedelt. Hilfreicher ist es, den Garten attraktiv für Vögel zu machen, die sich von Insekten ernähren.

Kaninchen

Kaninchen gehen auf Nahrungssuche, wenn es dämmert, manchmal aber auch schon tagsüber. Dass sie da waren, erkennt man an den wie abrasiert im Beet stehenden Stängeln sowie an Löchern und Gängen in Rasen und Beeten. Spezielle Kaninchenzäune sind recht teuer, stattdessen kann man es mit Maschendraht probieren.

Klein und nervig

Blattläuse
Sie befallen fast alle Pflanzen. Man findet die geflügelten Tiere hauptsächlich an Triebspitzen, Knospen und unter jungen Blättern und kann sie mit den Fingern zerdrücken.

Meisen, Marienkäfer, Florfliegen und Schwebfliegen verspeisen etwa 50 Blattläuse pro Tag. Koriander, Dill, Fenchel oder Löwenzahn sind bei ihnen beliebt und dienen als sogenannte »Opferpflanzen«. Sie locken die Blattlausjäger in den Garten und bieten Unterschlupf und zusätzliche Nahrung.

Kohlmottenschildlaus
Die weißflügeligen Insekten lieben Grünkohl, Blumenkohl, Brokkoli und Rosenkohl. Bei geringem Befall entsteht kaum Schaden, denn es sind nur die älteren Blätter betroffen. Bei stärkerem Befall siedeln sich auf dem Honigtau, den die Insekten produzieren, Schadpilze an.

Man kann sie mit einem scharfen Wasserstrahl abspülen. Ringelblume und Kümmel locken ihre Gegenspieler (Marienkäfer und Florfliegen) an. Bei sehr starkem Befall sollte das Laub entsorgt oder vergraben werden.

Weiße Fliege
Gurken, Melonen, Tomaten und Paprika im Gewächshaus brauchen Wärme – Bedingungen die auch die Weiße Fliege liebt. Dass die Pflanzen befallen sind, erkennt man an Honigtau und Pilzrasen sowie an schlaffem Laub. Bei genauerem Hinsehen kann man die Nymphen entdecken.

Am besten kontrolliert man die Pflanzen täglich und entfernt befallene Blätter schnellstmöglich. Gelbtafeln fangen die erwachsenen Tiere.

Dickmaulrüssler

Diese Käferart befällt meist Kübelpflanzen, bei denen sie Löcher in die Blätter fressen und die Wurzeln schädigen. Dabei sind sie nicht wählerisch: Zimmer- und Balkonpflanzen zählen auch zu ihren Opfern. Die Pflanzen welken und sterben ab, die Wurzeln verkümmern.

Vögel, Frösche, Kröten, Spitzmäuse, Igel und räuberische Laufkäfer zählen zu ihren Feinden. Wichtig ist, auch die Töpfe zu kontrollieren, indem man sie kopfüber über einem geöffneten Regenschirm schüttelt. Leimringe um Pflanzgefäße oder Rankhilfen halten die Käfer fern.

Spinnmilbe oder Rote Spinne

Eine fruchtbare Milbenart, die sich von Pflanzensaft ernährt. Die Blätter befallener Pflanzen nehmen ein marmoriertes Aussehen an und fallen ab. Die Spinnmilbe vermehrt sich bei trockener Wärme, hauptsächlich von April bis Oktober.

Aubergine, Gurke, Paprika und Pfirsich sind besonders gefährdet, sie bekommen gelbe Flecken und verkrüppeltes Laub. Bei sehr starkem Befall sind die feinen Gespinste zu erkennen. Da Spinnmilben sich extrem schnell vermehren, sind sie schwer zu bekämpfen.

Die Eier kann man mit den Fingern wegwischen. Das Abwischen der Gewächshausscheiben mit Desinfektionsmittel im Frühling und das Entfernen von Unkraut im Haus verhindert, dass überwinterte Exemplare sich vermehren.

Pflanzen ernähren

Dünger sind hervorragende Hilfsmittel, wenn man kräftige und gesunde Pflanzen ziehen möchte. Diese Tipps helfen bei der Entscheidung, welche die richtigen für Ihren Garten sind.

Schnell oder langsam?

SCHNELL VERFÜGBAR
In Wasser löslich. Versorgt Blätter und Wurzeln sehr schnell mit Nährstoffen.

LANGSAM VERFÜGBAR
Wird durch Bodenorganismen langsam zersetzt.

LANGZEIT-DÜNGER
Anorganisches Granulat, aus dem die Nährstoffe durch Wasser gelöst werden. Eine Düngung versorgt die Pflanze für mehrere Monate mit Nährstoffen.

Pflanzen brauchen 15 Elemente. Drei davon, Kohlenstoff, Wasserstoff und Sauerstoff, sind in der Atmosphäre enthalten. Der Rest liegt im Boden vor. Aus ihnen sind Pflanzenzellen aufgebaut, werden Blätter gebildet und sie regen die Blütenbildung an. Die Hauptnährstoffe sind Stickstoff, Phosphor, Kalium, Kalzium, Magnesium und Schwefel. Die sogenannten Spurennährstoffe werden in kleineren Mengen gebraucht. Eisen, Mangan, Kupfer, Zink, Bor und Molybdän zählen dazu. Dünger erhöhen nicht die Bodenfruchtbarkeit. Bodenpflege und Mulchen sind also trotzdem wichtig.

Dünger füllen die Nährstoffvorräte im Boden auf, die ausgewaschen oder verbraucht werden. Manche werden in den Boden eingearbeitet, andere in flüssiger Form mit der Gießkanne ausgebracht.

Stickstoff (N) fördert das Wachstum grüner Pflanzenteile, Phosphor (P) die Fotosynthese und Kalium (K) die Fruchtreife.

Pflanzen düngen

FLÜSSIGDÜNGER

Flüssigdünger mit Wasser mischen und an die Pflanzenbasis gießen.

BLATTDÜNGER

In Wasser gelöste Pflanzennahrung wird direkt auf die Blätter gesprüht. Praktisch, wenn ein bestimmter Nährstoffmangel schnell behoben werden soll.

GRANULAT-, PULVER-ODER PELLETDÜNGER

Werden vor der Pflanzung auf den Boden ausgebracht.

Der optimale Düngezeitpunkt

Im Allgemeinen düngt man während der Wachstumsphase und wenn Pflanzen unterversorgt aussehen. Topfpflanzen sind für regelmäßigen Nährstoffnachschub dankbar. Beete brauchen weniger. Das Ausbringen von Langzeitdünger im Frühjahr macht sich jedoch bei der Ernte bemerkbar. Die Gemüsearten unterscheiden sich im Nährstoffbedarf. Am besten informiert man sich vorab darüber, für welche Pflanze welcher Dünger geeignet ist.

Organische Dünger

Beinwelltee: Die Blätter klein schneiden und in Wasser ziehen lassen. Enthält viele der wichtigsten Pflanzennährstoffe.

Wurmtee: Dafür wird Wurmhumus mit Wasser und Melasse verrührt. Er enthält Nährstoffe, Vitamine und Bodenorganismen.

Algen: Frische Algen enthalten viel Phosphor, Stickstoff und Spurennährstoffe.

Kaffeesatz: Den Kaffeesatz in den Boden einarbeiten oder darauf verteilen. Besonders gut für Blaubeere und Tomate.

Pflanzen-Wehwehchen

Dass Pflanzen krank werden, lässt sich häufig vermeiden. Ein guter Boden und die Auswahl robuster Sorten zahlen sich aus. Kommt es doch einmal zum Schlimmsten, heißt es, den Befall so schnell wie möglich einzudämmen und sich nicht entmutigen zu lassen. Es gibt immer ein nächstes Gartenjahr.

Blattrollvirus an Kartoffel

Die oberen Blätter der Pflanze rollen sich ein und werden rot-orange. Der Virus wird durch die Pfirsichblattlaus übertragen. Schafft man es, diese fernzuhalten, ist ein Befall weniger wahrscheinlich. Einige Sorten sind resistent gegen den Virus. Dazu gehören 'Santé' oder 'Adretta'.

Gurkenmosaikvirus

Er befällt Gurke, Tomate, Kopfsalat, Kürbis und Blumen. Ihre Blätter rollen sich zusammen und bekommen gelbe Flecken, die Blüten weiße Streifen. Befallene Pflanzen sind nicht mehr zu retten. Man entfernt sie und gibt sie in den Restmüll. Vogelmiere und Greiskraut gründlich jäten. Sie sind Wirtspflanzen für den Virus.

Bohnenrost

Dicke Bohnen bekommen an Blättern und Stängeln kleine, staubige, dunkelbraune Flecken mit einem hellgelben Hof. Setzt man die Pflanzen weit auseinander, kann der Wind hindurchwehen und die Sporen können sich nicht ansiedeln.

Bei geringem Befall kann man einzelne Blätter entfernen. Stärker befallene Pflanzen muss man herausreißen. Sie dürfen nicht auf den Kompost.

Krautfäule an Kartoffel und Tomate

Die Pflanzen infizieren sich meist im Frühsommer und sterben ab. Die Blätter der Kartoffelpflanzen werden fleckig und verkümmern. Teilweise sind auch die Stängel betroffen. An Tomaten sehen die Schäden ähnlich aus. Hier sind auch die Früchte betroffen.

Die Krautfäule gelangt durch Wind und Regen an die Pflanzen. Beim ersten Anzeichen schneidet man Kartoffelpflanzen über dem Boden ab und entsorgt sie im Restmüll. Die Knollen gräbt man ein paar Wochen später aus und vernichtet alle mit rot-braunen Flecken.

Eine sanfte Form der Abwehr ist die Auswahl resistenter Sorten. 'Sarpo Mira' und 'Sarpo Axona' gehören dazu. Auch Frühkartoffeln sind weniger gefährdet. Das Anhäufeln hilft ebenso (S. 168). Gießen an der Pflanzenbasis, nicht besprühen.

Tomaten im Gewächshaus sind kaum gefährdet.

Kohlhernie

Eine Krankheit, die von Frühsommer bis Herbst an allen Kohl-Arten, Rübe und Steckrübe auftritt. Das Laub färbt sich violett und welkt an heißen Tagen, die Wurzeln verdicken sich.

Das Verbessern der Dränagefähigkeit des Bodens hilft, ebenso der Kauf von Pflanzen aus einem kohlherniefreien Betrieb. Wenn der Boden zu sauer ist, können die Pflanzen einige Nährstoffe nicht aufnehmen. In solchen Fällen kann man den pH mit Kalkdünger erhöhen. Man bekommt ihn in Gartenfachmärkten.

Außerdem ist die Auswahl resistenter Sorten sinnvoll.

Porreerost

Zu erkennen an orangen, leicht erhöhten Pustelstreifen auf dem Laub. Stark befallene Blätter sterben ab. Der Pilz liebt warmes, feuchtes Wetter und tritt daher hauptsächlich zwischen Spätsommer und Herbst auf. Die Stangen sind trotzdem essbar, befallene Stellen schneidet man einfach heraus. Behandelt werden die Pflanzen wie beim Bohnenrost. Viel Stickstoff im Boden fördert das Blattwachstum, was dem Pilz hilft, sich auszubreiten. Ein kaliumbetonter Dünger, Fruchtfolge und die Auswahl resistenter Sorten sind ebenfalls hilfreich.

Blütenendfäule

Kalzium-Mangel führt zu braun-schwarzen Flecken an Tomaten und Paprika. Sie treten auf, wenn die Pflanzen unregelmäßig gewässert werden oder überdüngt sind. Kranke Früchte sind nicht mehr essbar. Durch gleichmäßiges Feuchthalten des Bodens vermeidet man, dass sich der Schaden ausbreitet. Mulchen ist dabei hilfreich.

Schossen

Rote Bete, Spinat, Kopfsalat, Radieschen, Fenchel, Kohl oder Pak Choi können frühzeitig Blüten ansetzen und Samen bilden. Man nennt dies »Schossen« oder »ins Kraut schießen«. Man kann das beobachten, wenn sich die Tageslänge ändert oder nach Kälteperioden. Das Schossen führt dazu, dass die Pflanze keine Energie mehr für das Wachstum aufwendet, die Blätter werden hart und bitter. Man verhindert es durch einen gut gedüngten, gleichmäßig feuchten Boden sowie die Auswahl schossfester Sorten.

Was fehlt meiner Pflanze?

Wer seine Pflanzen kennt, ist im Vorteil: Sie zeigen an ihren Blättern, welche wichtigen Nährstoffe ihnen fehlen.

JUNGES LAUB

Eisen: Bestandteil der Chlorophyll-Produktion. Mangel zeigt sich an blassen Flecken zwischen den Adern und kann durch Senkung des Boden-pH behoben werden.

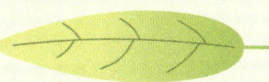

Kalzium: Mangel führt zu Wachstumshemmung der Pflanzen. Tritt vor allem in sehr trockenem Boden oder bei unregelmäßigem Gießen auf.

ALTES LAUB

Stickstoff: Ältere Blätter färben sich gelb, die Pflanze kümmert. Auf lange Sicht hilft Mulchen, auf die Schnelle Stickstoffdünger.

Kalium: Die Blattränder zeigen Verbrennungen und fransen aus. Kaliumbetonten Dünger wie Algenkalk ausbringen.

Mangan: Die Blätter färben sich gelb, dann braun. Tritt eher selten auf, dann meist auf basischen Böden. Mangan-Chelat düngen.

Phosphor: Die Blätter färben sich violett. Knochenmehl oder eine Blattdüngung mit Algenkalk hilft.

Magnesium: Ältere Blätter färben sich zwischen den Adern violett und rollen sich nach oben. Bittersalz als Blattdünger und das Anheben des Boden-pH hilft.

Wann kann ich ernten?

Zeitigen Anbau vorausgesetzt (siehe einzelne Kulturen) können Sie
je nach Wetter zu folgenden Zeiten ernten bzw. mit der Ernte beginnen:

März
überwinterte
Gemüse
wie Porree,
Grünkohl,
Spross-Brokkoli

April
erste Salate,
Radieschen

Mai
Spinat,
Kohlrabi,
Bundzwiebeln

Juni
Brokkoli,
Blumenkohl,
Frühkartoffeln,
Dicke Bohnen,
Erbsen,
Möhren

Juli
Chilis & Paprika,
Zucchini,
Gurken,
Cocktailgurke,
Bohnen,
Knoblauch,
Rote Bete

August
Blumenkohl,
Tomaten,
Tomatillo,
Kürbis,
Zuckermais

September
Porree,
Pastinaken,
Kartoffeln
(späte Sorten),
Süßkartoffeln

Oktober
Rosenkohl,
Grünkohl,
noch nicht
abgeerntete
Gemüse (außer
winterharte
Arten)

Glossar

Abhärten Pflanzen allmählich an die kühleren Temperaturen im Freien gewöhnen.

Anhäufeln Aufschichten von Erde um einen Trieb, um das Pflanzenwachstum zu unterstützen.

Art Kategorie der botanischen Systematik. Beschreibt Pflanzen, die sich fruchtbar kreuzen können.

Ausdünnen Vereinzeln zu dicht stehender Pflanzen. Verbessert die Qualität der verbleibenden Pflanzen.

Basischer Boden Sein pH liegt über 7.

Chlorophyll Verbindung in Pflanzen, die die Fotosynthese ermöglicht.

Einjährig Pflanzen, die ihren Lebenszyklus in einem Jahr abschließen.

Fotosynthese Prozess, bei dem die Stoffe für das Pflanzenwachstum gebildet werden. Licht, Wasser, Kohlendioxid und Chlorophyll werden benötigt.

Frostempfindlich Pflanze, die keinen Frost verträgt.

Frostloch Bereich, in dem sich kalte Luft sammelt und in dem sich Frost lang hält.

Fruchtbar Pflanzen, die große Mengen von Samen produzieren, oder Boden, der guten Ertrag bringt.

Fruchtfolge System, bei dem die Pflanzen nach einem Rotationsprinzip jedes Jahr auf einem anderen Beet angebaut werden.

Gründüngung Kulturen, die angebaut und später in den Boden eingearbeitet werden, um die Bodenfruchtbarkeit zu erhöhen.

Kalk Zum Erhöhen des Boden-pH. Der Kalkgehalt eines Bodens bestimmt, ob er sauer oder basisch ist.

Keimung Wechsel des Samens vom Ruhezustand zum Wachstum.

Knolle Verdicktes, unterirdisches Speicherorgan.

Krümelstruktur Hat ein lockerer, humusreicher Boden, ideal zum Bepflanzen.

Mischkultur Verschiedene Pflanzen nebeneinandersetzen, sodass sie sich gegenseitig positiv beeinflussen.

Mulch Organisches oder anorganisches Material zum Bedecken der Erde. Hält die Feuchtigkeit im Boden und unterdrückt Unkräuter. Um die Bodenfruchtbarkeit zu verbessern, kann das Material auch in den Boden eingearbeitet werden.

Organisch Durch den Abbau von lebenden Materialien entstanden.

Pflanzglocke Haube aus Kunststoff oder Glas, die man zum Schutz von Sämlingen oder Pflanzen sowie zum Erwärmen des Bodens aufstellt.

Pflanzholz Zum Stechen von Pflanzlöchern.

pH Maß für sauren oder basischen Charakter des Bodens.

Pikieren Vereinzeln von Sämlingen aus Anzuchttöpfen oder dem Saatbeet in Töpfe oder das Pflanzenbeet.

Pinzieren Entfernen der Triebspitze, um die Seitentriebe oder Blütenbildung zu fördern.

Ranke Umgewandeltes Blatt oder Stängel, mit dem Pflanzen sich an einer Stütze festhalten.

Rhizom Unterirdisch wachsender Spross.

Saatreihe Rille in der Erde, in die die Samen gelegt werden.

Saurer Boden Sein pH liegt unter 7.

Sorte Variante einer Pflanze, die sich durch bestimmte Merkmale von anderen Varianten der gleichen Art unterscheidet.

Staude Pflanze, die mindestens drei Jahre lebt.

Substrat Anderes Wort für Pflanzerde.

Topfen / Umtopfen Umsetzen von Aussaaten oder anderen Pflanzen in einen größeren Topf.

Torf Teilweise zersetztes, humusreiches Material, das in Mooren entsteht.

Winterhart Pflanze, die den Winter ohne Schutz übersteht.

Zweijährig Pflanze, die ihren Lebenszyklus in zwei Jahren abschließt.

Register

206

Die Autorin: Lucy Anna Scott ist Autorin und Redakteurin. Sie hat sich auf die Themen Pflanzen, Natur und Menschen spezialisiert und schon mehrere Bücher geschrieben.

Der Illustrator: Paul Matson ist Grafikdesigner und Gründer von sowhow.com, einer Website, die Saatgut in schicken Verpackungen vertreibt.

Für Ruth und Moira

Dieses Buch soll das Gärtnern erleichtern und mehr Menschen ermutigen, eigenes Gemüse anzubauen.

Ich danke allen bei Pavilion, vor allem Katie Cowan und Krissy Mallett, die das Buch vorgeschlagen und es von Anfang bis Ende mit Begeisterung begleitet haben. Außerdem Hilary Mandleberg für das Überarbeiten der Texte sowie Laura Russell und Claire Clewley, die beim Layout geholfen haben. Mein spezieller Dank geht an Lucy Anna Scott für die wunderbaren Texte und die sehr angenehme Zusammenarbeit.

Und last but not least danke ich Ruth, Moira und meinen Eltern Peter und Brenda Matson.

Penguin Random House

Für die deutsche Ausgabe:
Programmleitung Monika Schlitzer
Redaktionsleitung Caren Hummel
Projektbetreuung Manuela Stern
Herstellungsleitung Dorothee Whittaker
Herstellungskoordination Arnika Marx
Herstellung Stefanie Staat

Titel der englischen Originalausgabe:
Sow how

© Pavilion Books Company Ltd 2017
Text und Illustrationen © Paul Matson 2017
Alle Rechte vorbehalten

First published in the United Kingdom in 2017 by
Pavilion
1 Gower Street
London
WC1E 6HD

© der deutschsprachigen Ausgabe
by Dorling Kindersley Verlag GmbH, München, 2017
Ein Unternehmen der Penguin Random House Group
Alle deutschsprachigen Rechte vorbehalten

Jegliche – auch auszugsweise – Verwertung,
Wiedergabe, Vervielfältigung oder Speicherung, ob
elektronisch, mechanisch, durch Fotokopie oder
Aufzeichnung, bedarf der vorherigen schriftlichen
Genehmigung durch den Verlag.

Übersetzung Jutta Langheineken
Lektorat Christine Condé

ISBN 978-3-8310-3495-6

Repro Mission Productions Ltd, Hong Kong
Druck und Bindung Leo Paper Products, China

Besuchen Sie uns im Internet
www.dorlingkindersley.de

Hinweis des Verlags

Achten Sie zu Ihrer eigenen Sicherheit beim Bestimmen der Pflanzen auf die beschriebenen Merkmale und Warnungen. Einige Pflanzen können Allergien oder Unverträglichkeitserscheinungen hervorrufen. Im Zweifel auf den Verzehr verzichten.